영어필사책 2

부자를 시현하다

콘텐츠는 콩글리시입니다. 세계인과 소통할 때 실수하는 한국인이 많아, 이 책에 한국어로 콘텐트라고 썼습니다. 우리가 보는 영상과 내용물을 뜻하는 말은 1음절에 강세를 주어 발음하고, 단수로 써서 content라고 영어로 말합니다.

영어필사책 2

부자를 시현하다

배성연

AUREO BAE

| 들어가는 글 |

언어를 배우는 방법

사람에는 두 종류가 있다. 생각하지 않는 사람과 생각하는 사람. 생각은 동물적 본능을 거스르고 자기 행동을 통제하는 것이다. 사람은 자신이 힘들게 배운 방식을 현실이 잘못되었다고 증명해도 맞다고 신봉하는 심리가 있다. 이를 확증 편향(confirmation bias)이라고 하는데, 이 심리 때문에 1950년 한국의 독립 이후 한국의 영어교육법이 변하지 않고 있다. 한국인 영어 선생이 외국에 가서 외국인과 어떤 주제든 막힘없이 대화를 나누지 못한다. 그런 선생에게 배운 한국인도 영어로 소통을 못 한다. 일본 제국주의가 남기고 간 문법번역식 교육법으로 영어를 공부한 사람들은 '독해는 된다'고 착각하는데, 영어의 사고방식과 표현방식은 한국과 달라 정확하고 깊은 이해는 하지 못한다.

언어는 동물의 축복이다. 고양이도 소리로 소통하고, 새도 소리로 소통하고, 돌고래도 소리로 소통한다. 인간도 소리로 소통한다. 어떤 새는 인간의 소리를 흉내 내어 그 의미까지 알고 소통하는데, 이것이 바로 언어 습득의 법칙이다. 법칙은 자연의 법칙을 이르는 말로 예외가 없다. 언어는 본래 소리를 따라 하며 익히는 직관적 능력이다. 이를 영어로 mimic이라고 한다.

언어는 소리를 따라 하며 배운다. 한국어도 이렇게 배우고, 일본어도 이렇게 배우고, 영어도 이렇게 배우며, 프랑스어와 이탈리아어도 이렇게 배운다. 이 큰 진리를 깨달으면 언어가 아주 수월해진다.

영어를 배우려면 영어의 소리를 따라 하면 된다. 한국어에 없는 강세와 약세를 주의해 그 소리를 흉내 내고, 의미를 나중에 알면 된다.

부자가 되는 방법

부자는 생각의 결과다. 가난하게 살아왔다면, 부자의 생각하는 법을 따라 하면 부자가 된다. 언어를 배우는 것과 부자가 되는 것은 그 원리가 같다. 그림을 잘 그리기 위해서는 마스터의 그림을 따라 그리면 빠르게 배울 수 있다. 부자가 되기 위해서는 부자의 생각을 따라 하면 부자가 된다. 한국 대기업들은 선진 사회의 기업을 따라 하며 지금의 크기로 성장했다. 워런 버핏과의 점심 식사에 8억 원을 쓴 인도인 모니시 파브라이는 워런의 투자 방식을 전부 따라 해 부자가 되었다.

빈자와 부자는 생각을 다르게 한다. 빈자는 전세를 이용하지만, 부자는 전세를 이용하지 않는다. 부자 나라에는 전세가 없고, 없는 데엔 이유가 있다. 이 책을 공부해 따라 하는 모든 사람이 큰 부자가 되지는 않겠지만, 적어도 작은 백만장자는 될 수 있다. 지능이 높다고 부자가 되거나, 이름난 대학교를 나왔다고 부자가 되는 게 아니라, 생각을 부자답게 하고 행동을 부자답게 하면 부자가 되기 때문이다.

많이 벌어서 부자가 되는 게 아니라, 돈을 부자답게 쓸 줄 아는 행동이 부자를 만든다. 40년 이상 주유소에서 일하다가 경비원이 된 로날드 리드는 평생 검소하게 생활하며 주식을 사 계속 쥐고 있었고, 2014년 92세의 나이로 별세할 때 100억 원의 부를 이루고 이를 기부하고 떠났다.

부자는 과학적 사고의 결과다. 원인이 있으면 결과가 있다. 부자가 될 원인을 지닌 사람이 되면, 자연히 부자가 된다. 그 원인은 부자가 될 자격이 있는 사람이 되는 것이다. 더 자세히 말하면, 자신이 가장 잘할 수 있는 일을 찾아 그 일을 가장 잘하는 것이다. 그러면 수입이 꾸준히 들어오기 마련이고, 부자의 생각법으로 돈을 다루면 시간이 도와 부자가 된다.

부는 자연의 축복이다. 많은 사람을 이롭게 하면 부자가 된다.

부자가 되는 가장 확실한 방법은 1) 당신이 잘하고 오래 할 수 있는 업을 찾아 그 일을 아주 잘하고(do your job well), 2) 버는 돈보다 적게 쓰며(live below your means), 3) 투자 지식을 갖추고 사회에 이익을 주는 회사 지분에 투자해 당신의 자본을 연 10% 이상 꾸준히 20년 이상 성장시키는 것이다.

투자는 어렵지 않다. 영어가 어렵지 않은 것과 같다. 인생은 선택의 결과다. 누구를 존경하고 누구에게 배울 것인지를 좋은 안목으로 선택하라. 최고에게 배우라. 투자의 자세한 내용은 이 책의 자매 책 《부자의 111가지 생각하는 법》으로 배울 수 있다. 기업과 부동산 투자의 원칙은 같고, 투자와 사업의 성공 법칙도 같다. 투자하는 데 지능이 높을 필요는 없고 참을성이 있어야 한다고 워런 버핏이 말했고, 투자는 전혀 어렵지 않고 참을성이 있으면 된다고 피터 린치가 말했다. 투자는 기본적인 상식과 검색 능력이면 충분히 할 수 있고, 무엇보다 중요한 것은 가격의 높낮이에 감정적으로 반응하지 않을 수 있는 능력이다.

투자는 결혼 같다. 파트너의 근본적인 가치(fundamentals)에 깊은 믿음이 있으면 다른 사람들이 아직 그 사람을 많이 원하지 않거나 높게 평가하지 않을 때(undervalued) 그 사람과 파트너쉽을 맺어 장기간 그 사람과의 관계를 약속한다(long-term commitment). 좋은 파트너는 시간이 축적되며 드러나고, 그 축적된 시간으로 편안해진 관계는 당신을 지지하는 든든한 기반이 된다. 이것이 투자에서는 부다.

부자는 나무를 기르는 것과 같다. 여러 나무를 들여 키워보면 당신에게 맞는 나무가 있고 당신과는 맞지 않는 나무가 있다. 그런데 당신이 키울 수 있는(circle of confidence) 나무를 들였다면, 지속적인 관심으로 결국 자라나고 열매를 맺는다. 어떤 나무는 빨리 자라고, 어떤 나무는 느리게 자란다. 어떤 나무는 눈으로 보이는 행동 주기가 무척 빠르고(volatile), 어떤 나무는 안 움직이는 것 같은데 세월이 흐른 뒤 보면 커져 있다(stable). 어떤 나무든 작은 묘목일 때 사는 게 가장 큰 성장을 즐길 수 있고 위험 요소(risks)를 낮출 수 있다. 클만큼 큰 나무는 성장이 느리거나 사라지곤 한다. 자만하는 사람은 결국 고꾸라지는 자연의 이치와 같다.

투자에서 가장 중요한 원칙은 당신이 모르는 자산을 사지 않는 것이다. 당신의 이해 범위 안에서 키울 수 없는 희귀한 나무는 큰 확률로 당신의 생명과 자유를 보장하는 자원을 잃게 한다. 아는 것에만 투자하라. 기회는 어디에나 있다. 남이 벌었다는 것에서 꼭 당신이 벌 필요는 없다. 인간의 큰 욕망은 욕심보다는 질투다.

인간이 하는 모든 일은 처음엔 어렵고 기본기를 닦아 오래 시간을 들일수록 잘하게 된다. 당신이 잘할 수 있는 일을 찾아 그 일에 자원의 대부분을 들이는 것이 투자의 기본이다. 가장 확실하고 수익률이 큰 투자는 당신의 능력을 계발하는 투자다. 교육, 독서, 경험에 투자하라. 여행은 경험이 아니라 소비다.

들어 아는 것과 당신이 직접 해보아 확실하게 하는 것은 완전히 다르다. 말은 쉽지만 행동은 어렵다. 이 책에 담은 내용은 내가 시험해보고 그 결과를 살로 느낀 뒤 얻은 지혜다. 그래서 부자가 되는 길에 가장 중요한 능력은 판단력이다. 빈자의 선택을 하면 빈자가 되고, 부자의 선택을 하면 부자가 된다. 부자가 되는 사람은 스스로 생각하고 정확하게 판단할 능력을 계발한다. 이를 영어로 think for yourself라고 표현하고, 명사로는 independent thinker라고 한다. 부자는 군중이 하는 말을 듣고 행동하지 않고, 기자가 하는 말을 듣고 행동하지 않는다. 스스로 본질을 보고 상황을 판단해 결정한다. 그래서 지성이 곧 부다.

이 책을 쓰는 방법

이 책은 인간을 비롯한 동물이 언어를 습득하는 방법에 근본 하여 설계되었다. 동물은 언어를 소리를 따라 하며 익히고, 나중에 그 의미를 직관으로 안다. 인간에게는 축복이 있는데, 그것은 글자다. 섬세한 손으로 도구를 만들 수 있는 인간은 손의 능력으로 지구를 지배했다. 이 책은 그 손을 사용해 영어를 익히고, 손으로 글씨를 쓰며 집중력을 높이고, 디지털에 과다 노출되어 피곤한 지금 시대의 인간에게 종이와 글쓰기로 쉴 수 있는 안식처를 제공한다. 노년에 이른 사람은 손과 눈을 써 뇌의 퇴화를 막는 운동이 될 수 있다.

이 책은 영어를 따라 쓰기 위해 우선 만들어졌다. 영어를 잘하는 확실한 길은 영어를 잘하는 사람의 말과 글을 그대로 따라 하는 것이다. 영장류의 거의 모든 배움은 다른 개체가 하는 행동을 보고 따라 하며 익힌다. 언어도 그렇게 익힌다.

한국인은 한국어는 따라 쓸 필요 없지만, 이 책은 한국어를 배우려는 외국인에게 유용한 책이 될 수 있다.

이 책을 이루는 지혜 111가지는 지난 19년 동안 부자가 되기 위해 모으고 깨달은 지혜를 그 정수만 추출한 것이다. 이를 손으로 따라 쓰며 당신은 당신의 부자가 되는 꿈을 이룰 수 있을 것이다. 이 책에 그대로 쓰거나, 공책을 준비해 그곳에 옮겨 쓰라. 영어를 소리 내어 읽으면 영어도 함께 습득할 수 있다.

작가 이야기

나는 한국에서 태어났지만, 지금은 생각을 영어로 하는 실질적 호주인이 되었다. 내 영어 발음은 모국어가 한국어여서 어쩔 수 없이 한국어 억양이 묻어나지만, 어느 나라에 충분히 오래 있으면 카멜레온처럼 그 지역과 동화된다. 사람은 변할 수 있다.

사람이 변할 수 없었으면 애초에 교육과 성장은 불가능하다. 교육의 동의어는 변화다. 성장은 지금보다 더 크고 더 효과적인 존재가 되는 것이다. 변화다. 변화는 절실할 때 일어난다. 배부른 사람은 아무 행동도 하지 않고 늘어진다. 배고픈 사람은 무엇이든 한다.

영어 학교에 오는 사람 중 성공하는 사람과 실패하는 사람의 차이는 이것이다. 해야 할 이유. 영어를 반드시 해야 하는 절실한 이유가 있는 사람은 해낸다. 엄마 아빠가 다 해줘서 아무 노력도 할 필요가 없는 사람은 움직일 이유가 없어서 결국 관둔다. 그런데 성공은 그저 '관두지 않음'으로 얻는다. 지혜가 부족한 사람도 될 때까지 시도해 부자가 된다.

난 반드시 이루고 싶은 목표는 그것에 대한 공책을 따로 준비해 손으로 생각을 써나간다. 그 공책을 다 메꿀 때쯤 되면 막연했던 꿈은 확실한 현실이 되어 있다. 마법은 물리적인 공책에 손으로 글씨를 옮겨쓰는 행위에 있다. 생각이라는 무형의 것이 공책이라는 유형에 존재하며 현실이 된다.

꿈이라는 모호한 것을 시현할 수 있는 목표로 만드는 작업은 종이에 글씨로 쓰는 것이다. 종이에 써 두고 잘 보이는 곳에 붙여두면, 그것에 대해 계속 생각하게 되고, 행동을 자연히 그 방향으로 하게 되어, 일정 시간이 지나면 그 글씨는 현실이 되어 있다.

부는 생각과 실행의 결과다.

목 차

들어가는 글

— 언어를 배우는 방법

— 부자가 되는 방법

— 이 책을 쓰는 방법

— 작가 이야기

Angel number 111	018
How much do you need?	022
Focus your resources on the most valuable	026
Don't run after money and the appearance of money	030
Focus and concentrate	032
Victim v Ownership Mentality	034
Victim v Survivor Mentality	038
Wealth is about	042
Know what you really want	046
Take responsibility	048
Associations matter	052
Magical notebooks	054

Makers don't blame	056
The rich don't spend any money	058
Take action	064
Learning is earning	066
Find a way	068
Think	072
Think for yourself	074
Be authentic	076
The lighthouse	078
What a leader needs	080
Rules change in a game	082
Attitude determines your altitude	084
How to have deep pockets	088
Where big wealth lies	090
Mind over matter	092
What do you do with your time?	094
The essence of wealth	096
Delay gratification	098
Be a learning-hungry sponge	100
It's a long road ahead	104
The golden currency of success	106
Stick around for a long time	108
Turn crises into opportunities	110

Take responsibility 114
Feelings are fundamentals 116
Understand value 118
A reason for poverty 120
Find your game 122
Build a castle within you 124
The gravitational pull of content 126
Economy in a nutshell 128
Soldier on 130
Customer first 132
The Girl 134
The bigger the obstacles, the better 136
Courage to be alone 138
Hardships make you stronger 140
Be worthy of your existence 144
Progress over perfection 146
Everything has a price 148
You can't get rich doing what everyone else does 150
Calibrate your expectations to zero 156
Get rich like seducing the Prince 160
Three worst immoralities 162
A balancing act of pessimism and optimism 166
Protect your reputation at all cost 170

Construct your unfair advantage	172
Definition of money	176
Diversification matters	178
The difference between poor and rich	182
Ownership counts	184
Make their time worthwhile	188
Be at the centre of time	190
On Marketing	192
How to afford what you desire	194
Be authentic	196
Find a meaning and commit to it	200
Focus on impact	202
Stay within your circle of confidence	206
Autonomy	210
Think for yourself	212
Hedgehog wins; fox loses	214
Turmoils in the short-term; growth in the long-run	218
Don't blame anything; fix it	220
Don't ever lose faith	222
King can't solve poverty	224
Manage the flow of energy	226
Lightweight wins the race	230
Dealing with criticisms	234

Build the best thing	238
How to rise to prominence on a personal scale	242
Be the Master of one trade	246
What < How < Why	250
You have your own hole in the universe to build a castle around	254
The most valuable skill now	258
8 Steps to the riches	262
Brilliant leaders create a culture	266
Intelligence = Wealth	270
Resilience	274
Golden ratio : growth rate of Nature	278
Aim at perfecting your craft	282
Make multiple streams of income	284
Identify your core values	286
Be discerning in choosing your exemplar	288
Time wins	290
Possess faith in your heart	292
Increase self-reliance	294
Push the boundaries forward	296
Consistency is not free, but worth it	300
Have right aides-de-camp	304
Introspection	306
Make the person in front of you feel important	308

Feelings · 310

Negotiate · 314

7 core values of the rich · 316

Energy for Success : Determination · · · · · · · · · · 320

Hide the Porsche · 322

Keep your guard against complacency and hubris · · · · · · 326

Aim Higher · 330

맺는 글

- 자연의 축복, 부
- 감사의 글

Angel number 111

The symbolism of 111 is that you experience a new beginning and see the opportunity to achieve a goal and make good fortune. The meaning of 1 is determination, creation, and self-improvement. Wealth creation is a thrilling journey. You will love each phase, enjoy the learning curve, and find beauty in the setbacks. Perfection is boring. Having a mountain to climb is a more galvanising life than having nothing to do. To begin this wonderful journey, you just need the courage to step out of your comfort zone. Facing difficulties drives inventive thinking. Hard choices build character. Persevering it strengthens you. Keep developing your fundamentals like integrity and work ethic ensures your success. (This is why poor education keeps them poor.) Overcoming difficult tasks boosts your dopamine levels. This is how you get to love your work itself. See these are all the positive circuits? Doing nothing gives you no satisfaction so you end up consuming the negative circuits like nicotine, alcohol, drug, gambling, shopping, and all that shit. Take the bright path. You are the choices you make. Get out of your tiny egg, learn how to fly, and fly to wherever you want to go.

천사의 숫자 111

숫자 111은 당신에게 새로운 시작이 열렸음을 상징한다. 목표를 이루어 부를 만들 기회가 왔다는 천사의 신호가 숫자 111이다. 숫자 1은 굳은 결심과 새로운 현실을 만들어 내는 창조, 그리고 더 나은 사람이 되는 성장을 상징한다. 부를 만드는 일은 재밌는 여정이다. 각각의 단계와 배움의 과정을 즐기고 실패에서도 의미를 찾게 될 것이다. 완벽은 지루하다. 아무것도 할 게 없는 인생보다, 오를 산이 있는 인생이 훨씬 더 짜릿한 인생이다. 이 멋진 여정을 시작하기에 앞서, 당신이 지닐 것은 단 하나다. 그것은 익숙한 일상을 깨고 나올 용기다. 역경을 직면하면 창의성이 발동된다. 힘든 결정들이 당신만의 개성을 만든다. 나를 죽일 것 같은 고통을 이겨내면 더 강한 사람으로 다시 태어난다. 당신의 겉과 속을 일치하는 일과 상도덕을 지키는 것 같은 기본기를 계속 다지면 성공은 보장된다. (이것이 좋은 교육을 못 받은 사람들이 가난에 머무르는 이유다.) **진짜 힘든 일**을 해내고 나면 도파민이 나와 일하는 고통 자체를 사랑하게 된다. 이 과정이 긍정 회로인 게 보이는가? 아무 일도 하지 않으면 아무 만족도 얻지 못하고 따라서 부정 회로를 소비하는 나락으로 빠지게 된다. 담배, 술, 마약, 도박, 쇼핑, 그딴 것들 말이다. 빛의 길을 택하라. 당신의 선택이 당신을 만든다. 작은 우물을 박차고 나와 나는 법을 배워 당신이 원하는 것은 무엇이든 이룰 수 있는 날개를 펼쳐라.

How much do you need?

To lead a thoroughly good life, how much do you need? To answer this question, you first need to know who you are:

What are you passionate about & hate about? (Feelings are a clue to discover your Purpose.)
What are your strengths & weaknesses? (These are talents and skills, not traits.)
What motivates you? What do you aspire to? (It can be a past experience that has shaped who you are.)
When you die, is there something that you would regret for not having done? (This reveals your innate desire.)
Provided that you cannot do so many things with your lifetime, what will you devote your time on?

Knowing your destination is critical for your life's success. When you fly, not having a destination will result in drifting away, losing all your fuel(time), and crash(miserable death). To be wealthy, you ought to know your journey's end and what kind of aircraft you are flying(who you are), take responsibility, and gain autonomy of your flight called life. As you know who you are, you can save and earn a great deal of resources which you employ to get what you want. Past a certain level of wealth, it wouldn't change your life nor happiness much. You will realise that money doesn't make you happy. So it's important to find a meaning and take in each moment in your journey, even the inevitable challenges. Switching your perspective turns a pain into a pleasure.

얼마가 필요한가?

영혼까지 만족스러운 삶을 이끌기 위해 얼마가 필요한가? 이 질문에 답하기 위해서는 먼저 당신 자신이 어떤 사람인지를 알아야 한다.

당신의 가슴을 들뜨게 하는 것과 거부하고 싶은 것은 무엇인가? (당신만의 삶의 목적을 찾는 일에 당신의 감정이 힌트가 된다.)
당신이 잘하는 일과 못하는 일이 무엇인가? (성격이 아니라, 타고난 능력과 기술을 생각해 보라.)
당신을 일하게 만드는 원동력이 무엇인가? 무엇을 이루고 싶은가? (당신이라는 사람을 만든 과거의 강렬한 경험일 수도 있다.)
죽는 순간에, 살아 있는 동안 안 하여 후회할 것이 무엇인가? (진정 원하는 것이 무엇인지 알 수 있는 질문이다.)
살아 있는 시간으로 할 수 있는 일이 그리 많지 않음을 직시할 때, 당신의 시간으로 전념할 일은 무엇인가?

삶의 성공을 위해 목적지를 정확히 아는 것은 절대적으로 중요하다. 목적지 없이 비행한다면, 바람에 휩쓸려 다니다가 연료(시간)를 다 쓰고는 추락(죽음)할 것이다. 부자가 되고자 한다면, 당신의 여정 끝을 알아야 하고, 어떤 항공기를 조종하는지 알아야 하며(내가 어떤 사람인지), 당신의 인생에 책임을 지고 인생이라 불리는 비행에 주체성을 갖고 날아야 한다. 당신이 어떤 사람인지 알고 무엇을 진정 원하며 불필요한 것은 무엇인지 알면 굉장한 시간을 아끼고 또 벌 수 있다. 이 자원은 당신이 가고자 하는 목적지에 다다르기 위해 쓸 연료다. 일정한 부의 수준을 이루면 그 이후부터는 당신의 행복도가 크게 바뀌지 않을 것이다. 돈이 행복을 주지 않는다는 진리를 깨닫게 될 것이다. 그러니 당신의 인생과 당신이 하는 일에 의미를 찾고, 여정의 과정을 음미하며, 여정의 필수 과정인 난항을 겪더라도 그를 기쁘게 받아들일 줄 알아야 한다. 관점을 전환하면 고통도 쾌감이 된다.

Focus your resources on the most valuable

Resources are time, energy, and money. You employ your available resources to achieve your intention. This is the meaning of success. A by-product is wealth. Your time is only so much. Your energy per day is limited. There is so much information you can take in. Focus your resources on what matters the most to you. Poor mentality focuses their attention on consumption. Rich mentality does on what matters the most to them. Don't try to do everything. Do one thing very well. Wealth means that your time is well off. Wealth means you have the wealth of choices and richness of experiences. Wealth is everything but having large monthly expenses. Fancy and expensive offices are for the poor and little businessmen. The truly wealthy go for low-cost ones, until they get really big. If you can't help yourself spending your money on luxuries, you make yourself poorer. You just want to appear rich. You are empty inside. But wealth is the water reserved. It's in your bank account. Wealth is the numbers you hold. Wealth is the freedom that you don't have to do what you hate. The wealthiest people are okay living in a tiny place sleeping on the floor. It's the essence they can see; not the fancy covers they run after.

가장 가치 있는 일에 자원을 집중하라

자원이란 시간, 에너지, 돈이다. 지금 당신에게 주어진 자원을 잘 써서 원하는 바를 이루라. 이것이 '성공'의 의미다. 자연히 따라오는 것이 부다. 당신이 가진 시간엔 끝이 있다. 하루에 쓸 수 있는 에너지도 정해져 있다. 받아들일 수 있는 정보의 양에도 한계가 있다. 당신에게 가장 가치 있는 일에 이 모든 자원을 집중하라. 빈자의 사고방식은 소비에 집중하는 것이다. 부자의 사고방식은 나에게 가장 가치 있는 무언가에 집중하는 것이다. 이것저것 다 하려고 하지 말라. 하나를 아주 잘하라. 부의 의미는 살아 있는 시간을 잘 사는 것이다. 선택과 경험의 풍족이 부다. 달마다 나가는 고정비가 많은 것은 부의 반대 방향으로 가는 길이다. 화려하고 비싼 사무실은 작고 가난한 사업가들이 선택하는 곳이다. 진짜 부자는 아주 커지기 전까진 실속 있는 곳을 고른다. 사치를 참지 못하는 사람은 부자가 되지 못한다. 돈이 많은 것처럼 보이고 싶은 것이기 때문이다. 속이 비었기 때문에 그렇다. 부는 저장해 둔 물이다. 부는 은행 계좌에 있다. 부는 당신이 품은 숫자다. 부는 싫어하는 일을 하지 않아도 되는 자유다. 가장 부자가 되는 사람들은 작은 공간의 바닥에서 자도 괜찮은 사람들이다. 가장 중요한 가치를 알아보는 눈이 부이고, 화려한 껍데기를 좇는 건 부가 아니다.

Don't run after money and the appearance of money

It's counter-intuitive but in order for you to be wealthy, you should look away from money. Money shall not be your goal. Chasing money will bring you down to a sticky end. Rather, your focus shall be on the truth in which the people will need or want the value you offer. You provide that specific value so well, you are on your way to wealth. When the value you provide is universal and no one can compete with you, you will be made a billionaire. Create a market, if you will. And everyone who wants what you have has no other choice but to use your product. Look at the value you can provide. Focus on making it the absolute best. Refine your craft. And you don't have to worry about money again. Your ability not to spend money early on becomes a potent discipline for your later wealth thanks to the law of compounding interests.

돈과 돈의 껍데기를 좇지 말라

바로 이해가 되지 않겠지만 부자가 되기 위해서는 돈을 보지 않아야 한다. 돈이 목표가 되어선 안 된다. 돈을 좇으면 비굴한 결말에 이른다. 그보다는 사람들이 원하고 필요로 하는 가치를 제공하는 진리에 집중해야 한다. 그 가치를 아주 잘 제공하면 부자의 길에 오른다. 당신이 제공하는 가치가 인류 보편적이고 누구도 당신과 경쟁할 수 없다면 당신은 억만장자가 된다. 필요하면 새로운 시장을 만들 수도 있다. 그러면 당신이 제공하는 가치를 원하는 사람들이 당신의 것을 이용하지 않을 수 없다. 당신이 제공하는 가치를 자세히 보라. 그것을 절대적 최고로 만드는 일에 집중하라. 당신의 작품을 갈고닦으라. 그러면 다시는 돈 걱정을 하지 않아도 된다. 젊을 때 돈을 쓰지 않을 수 있는 절제력은 복리의 법칙으로 나중에 거대한 부자가 되는 데 막강한 힘이 된다.

Focus and concentrate

Time is the one thing you cannot buy. You can pay people to save you time. You cannot however increase the amount of time you have. You can always make more money, but can never get your time back. To make your trade the best in the market, you have to focus on one thing. To refine your craft, you have to put in a lot of time. The earlier you start, the wealthier you will be. The way to make more time is to focus on your life's work. Find the one thing you can concentrate your time and energy on. If you feel like you are working, you won't be able to do it for the rest of your life. You must love doing it. You must even enjoy the pain that comes with the labour you put into it. The more time you put in, the more developments you can build up. Others can't just copy what you have built. It becomes your unfair advantage, which keeps you wealthy.

선택적 집중과 몰입

시간은 살 수 없는 것이다. 사람들에게 돈을 주고 내 시간을 아낄 수는 있다. 그러나 내가 가진 시간을 늘릴 수는 없다. 돈은 얼마든 더 벌 수 있지만, 시간은 돌이킬 수 없다. 내 업을 시장에서 최고로 만들기 위해선 그 하나에 집중해야 한다. 내 작품을 더 좋게 만들기 위해선 많은 시간을 들여야 한다. 빨리 시작할수록 더 큰 부자가 된다. 시간을 만드는 법은 업에 집중하는 것이다. 내 시간과 에너지를 몰아넣을 하나의 업을 찾자. 그 일을 하며 일하는 것처럼 느껴진다면 평생 하긴 힘들 것이다. 업 자체에서 기쁨을 느껴야 한다. 일에서 오는 고통조차 좋아해야 한다. 더 많은 시간을 들일수록 더 많은 개발을 쌓을 수 있다. 시간이 쌓인 작품은 누구도 그냥 베낄 수 없다. 이것이 나의 절대적 경쟁력이 되고, 내 부를 지켜준다.

Victim v Ownership Mentality

What separates the rich from the poor is this mentality of theirs. The poor have a victim mentality. Poor people pay no significant taxes and think they are taken advantage of by the government. Poor mentality assumes their failure is caused by some malicious external force. You are solely responsible for the outcome you get. Saving on tax is rational, but paying no tax is a sign of your incompetence. Wealth and competency are synonymous. It's fair to reward great people. Do something that the world needs. Choose to be an owner. By paying taxes, you own the country; you own the world. Embrace ownership mentality. As Richard Branson said, a business is simply an idea to make other people's lives better. Walk down the streets and know that you've paid for it. So you deserve to use the pavements. See the bench in the gardens? You've paid for that one too. You can go to any country you like with the passport and trust our public officers have built. We have great soldiers who would give anything to protect our peace. You have the freedom and support from the country to do whatever you want. That is because of the invisible benefits. Pay it forward.

피해자 v 오너십 사고방식

부자와 빈자를 가르는 것은 그들의 이러한 사고방식이다. 빈자는 피해자 의식을 선택한다. 빈자는 별다른 세금도 안 내고 정부에 이용당한다고 생각한다. 가난한 사람은 자신의 실패가 어떤 악의 세력에 의해 그렇게 되었다고 여긴다. 당신의 현실은 오직 당신의 책임이다. 절세는 이성적이지만, 세금을 안 내는 건 무능의 증거다. 부와 유능함은 함께 간다. 훌륭한 사람이 잘사는 건 합당하다. 세상이 필요한 무언가를 하라. 주인이 되기를 선택하라. 세금을 냄으로써 우리는 이 나라의 주인이 된다. 세상의 주인이 된다. 오너십 생각법을 품으라. 리차드 브랜슨이 말했듯, 사업이란 단순히 다른 사람들의 삶을 낫게 만들어 주는 하나의 아이디어다. 길을 걸으면서 이 인도를 만드는 데 내가 세금을 냈다는 사실을 인지해 보라. 고로 당신은 이 혜택을 받을 자격이 있다. 공원에 있는 저 벤치도 보이는가? 당신이 낸 세금으로 만들어 설치했다. 우리 여권과 우리나라 사람에 대한 신뢰 덕분에 당신은 세계 어디든 갈 수 있다. 공무원들이 그런 국가적 신뢰를 구축해 준 덕분이다. 우리나라엔 평화를 지키기 위해 무엇이든 내어줄 든든한 군인이 있다. 원하는 일은 무엇이든 할 수 있는 자유를 나라가 보장해 준다. 이렇게 보이지 않는 혜택들 덕분이다. 모르는 사람에게 먼저 친절을 베풀면 그 친절이 문화가 되어 당신에게 돌아온다.

> Pay it forward : 나에게 친절을 베푼 사람에게 직접 보답하기보다 다른 사람들에게 좋은 행동으로 보답하는 일을 말한다.

Victim v Survivor Mentality

When bad things happen to you, you are given a choice: to be a victim or to be a survivor. You might blame your circumstances for your failure. You might feel depressed from your recent calamity. You can be a victim of defamation by stupid children and incompetent teachers. You could be just way too popular and well off to not have a sour enemy. When you are brilliant, you always get enemies. It's a normal condition of life. But you can change your perspective on this. You are a survivor. You didn't kill yourself because you lost your money or friends. Instead you were reborn and went on to make a better life for yourself. Save yourself. See yourself as a survivor. You didn't give up on yourself. You are alive. You believe in yourself that you can shed your old and broken skin and be a better and bigger self. You are not a victim. Whatever life throws at you, you can be a survivor just with a flip of perspective. Thinking is the King. Struggles are essential for success. You need to lose $100,000 to earn $100,000,000. The fact that you are alive and able is all that matters. Get back up. Go do what you can do. Solve your problems.

피해자 v 생존자 의식

나쁜 일이 생겼을 때 우리에겐 선택이 있다. 피해자가 될 것인가, 생존자가 될 것인가. 당신의 실패를 주변 환경에 탓할 수도 있다. 최근에 힘든 일이 생겨 우울감에 빠질 수도 있다. 멍청한 아이들과 무능한 선생으로 인해 명예훼손의 피해자가 될 수도 있다. 너무 잘나가는 나머지 적이 생길 수도 있다. 아주 뛰어나면 항상 적이 생긴다. 인생의 일반 조건이다. 그럴 땐 관점을 바꿔보라. 당신은 생존자다. 돈이나 친구를 잃었다고 당신 자신을 죽이지 않았다. 다시 태어나길 선택하고 더 멋진 인생을 펼칠 수 있다. 스스로를 구하라. 생존자가 돼라. 당신은 자신을 저버리지 않았다. 지금 당신은 살아 있다. 오래되고 망가진 옛날의 당신에서 탈피하고 더 낫고 더 큰 당신으로 다시 태어날 수 있다는 신념을 품으라. 당신은 피해자가 아니다. 인생이 당신에게 무엇을 겪게 하든, 당신은 관점의 전환으로 생존자가 될 수 있다. 생각이 왕이다. 시련은 성공에 필수다. 1억을 잃어봐야 1,000억을 벌 수 있다. 지금 당신이 살아 있고 무언가를 할 수 있다는 사실이 중대하다. 자 이제 다시 일어나라. 당신이 할 수 있는 일을 하라. 문제를 해결하라.

Wealth is about

What you look at determines your life. Wealth is not about how much money you make. Wealth is not about owning the fancy things you don't need. Wealth is not about impressing your friends with your expensive toys. Wealth is about building your dream life. Wealth is having the choices to say no to what you don't want to do. Wealth is having the choices to not do what makes you unhappy. Wealth is independence. Wealth is having the freedom you have in the morning to do whatever you want to do with the time given to you. Wealth is not wasting your lifetime. Wealth is enriching your lifetime. Most of all, wealth is pulling your loved ones up in their lives. A real rich person can make 300 teammates millionaires with their valuable work alone. Mark Cuban did just this. Clarify your intention with wealth creation, because you become what you think. Small wealth gives you independence. Big wealth gives you the choice to change the lives of the people. Such wealth can be made by improving people's lives in some way. 75% of the world's richest people are entrepreneurs, 15% investors, 7% inherited, and 3% entertainers and athletes. Entrepreneurship is not making money; it's building something better for the world. Wealth is the award from Nature that you did something good for the world.

부란

무엇을 보느냐가 인생을 결정한다. 부는 연봉이 아니다. 부는 필요 없는 사치품을 소유하는 게 아니다. 부는 비싼 물건으로 친구의 기를 죽이는 게 아니다. 부는 나만의 꿈같은 삶을 일구는 일이다. 부는 하기 싫은 일을 안 할 수 있는 선택권이다. 부는 나를 불행하게 하는 일을 하지 않을 수 있는 선택을 갖는 것이다. 부는 자유다. 부는 아침에 일어나 나에게 주어진 시간으로 하고 싶은 일 무엇이든 할 수 있는 자유다. 부는 살아 있는 시간을 낭비하지 않는 태도다. 부는 삶의 시간을 풍부하게 하는 상태다. 무엇보다도 부란, 당신이 사랑하는 사람의 삶을 더 높은 상태로 끌어올리는 힘이다. 진짜 부자는 자신의 가치 있는 일만으로 300명의 팀원을 백만장자로 만든다. 마크 큐반이 실제로 그랬다. 부 생성의 목표를 명확히 하라, 생각하는 대로 될 것이니까. 작은 부는 당신에게 자유를 준다. 큰 부는 사람들의 삶을 바꿀 수 있는 선택 기회를 준다. 큰 부는 사람들의 삶을 더 낫게 해주는 일로 만들 수 있다. 세계에서 가장 큰 부자의 75%는 사업가이고, 15%는 투자가, 7%는 상속자, 그리고 나머지 3%는 연예 스포츠인이다. 사업은 돈을 버는 일이 아니다. 사업은 세상을 위해 더 나은 무언가를 만드는 일이다. 부는 당신이 세상을 위해 한 기여에 대한 자연의 상이다.

Know what you really want

In order to achieve a feat, you first need to know what feat you want to achieve. Go to a local bookstore and get the finest notebook that you will cherish for the rest of your life. Wash your hands and sit with the notebook. Solemnly put your wishes down in the notebook, the things or conditions you truly want, in the order of importance. Put a square in front of each wish, and tick the box when you accomplish it. Read this list every single day. In time, you will have most of your dreams realised. Your life becomes what your thoughts guide to. You become what you think. First imagine what you want to be, and find out how to realise this. Work on it, and you will get it. Remember: not to blame the situation, but to look for solutions. Just start doing it, and learn on the way. Losers overthink and wait around. Winners just do it.

진정으로 원하는 것을 알 것

성공을 이루기 위해서는, 어떤 성공이 당신이 원하는 성공인지를 우선 알아야 한다. 동네 서점에 가서 평생 간직할 가장 멋진 공책을 사 오자. 손을 깨끗이 씻고 그 공책과 함께 앉자. 경건한 마음으로 그 공책에 당신이 원하는 물건이나 상태를 중요도의 순서대로 적자. 각각의 꿈 앞에 네모 상자를 그리고, 그 꿈을 이루었을 때 그 상자에 체크 표시를 하자. 이 꿈 목록을 매일 보자. 머잖아 그 안의 대부분의 꿈을 이룰 것이다. 내 생각이 이끄는 대로 내 인생이 이루어진다. 사람은 생각하는 대로 된다. 먼저 무엇이 되고 싶은지 상상하고, 어떻게 현실화할지 알아내자. 이를 위해 작업하면 얻게 될 것이다. 기억하라: 상황을 탓하지 말고, 해결책을 찾으라. 준비되지 않았어도 일단 시작하고, 하면서 배우라. 빈자는 생각하다가 안 하고, 부자는 일단 한다.

Take responsibility

Accountability is the basis of getting rich. Warren Buffett got super rich because he never wanted to lose someone else's money. He was baby-faced when he was 20, but everyone who knew him trusted him with their money because Warren takes responsibility. All those who fled from their military service ended up losers. Great people in history took on the responsibility even if they were too young to be enlisted. Ray Kroc joined World War I even by lying about his age as he was only 15. It's the sense of service that is noble. A bird living off her parents will not become wealthy. Wealth is just another term for self-reliance which is to take control of your life. You want to do what you love to do and live your life. Financial prosperity starts with taking responsibility. When you acquire shares, assume being one of the owners of the business. Shares are liquid assets, but you don't take it lightly. Invest in what you know, Peter Lynch said. You give it proper consideration, so you don't lose(Rule No.1 of Investing). "You're buying businesses, not just any stock," Warren Buffett says repeatedly. He had a bad time early on from buying and selling, learned from the mistake, and turned himself into a long-term investor. You consider yourself a shareholder of a business even if you have a small portion of it. You acquire an undervalued asset and help them to grow by lending them your capital. The value increases and you become richer. You don't just quickly take advantage of price differences, that's not classy. Nature hates vulgarity. Nature favours classiness. You may assume the control over it if you have to. Ownership mentality is all it takes to build a satisfying life of your own, as it cultivates happy relationships.

책임을 지라

부자가 되기 위한 기본은 책임을 중히 여기는 마음이다. 워런 버핏이 슈퍼리치가 된 이유는 다른 사람의 돈을 절대 잃고 싶지 않아서다. 20살의 그는 동안이었지만 그를 아는 사람들은 평생 저축한 돈을 내어줄 정도로 그의 책임감을 믿었다. 병역에서 도망간 사람들은 인생의 루저가 되었다. 역사 속의 위대한 인물들은 나이가 어려도 자진해서 입대했다. 맥도날드를 세계적 기업으로 만든 레이 크록은 15살밖에 되지 않았을 때 나이를 속이고 세계 1차 대전에 참전했다. 사람들을 돕고자 하는 내재적 본능은 고귀하다. 부모의 둥지에서 먹고사는 새는 부자가 될 수 없다. 부는 그저 자기 의존의 또 다른 단어일 뿐이다. 찰리 멍거가 억만장자가 된 원동력은 페라리를 사고 싶어서가 아니었고 자기 의존하고 싶어서였다. 자기 의존은 당신의 인생에 주인이 되는 것이다. 좋아하는 일을 하며 남의 인생이 아닌 당신의 인생을 사는 것이 부자의 삶이다. 부의 생성은 책임을 지는 태도로부터 시작된다. 주식을 산다면 그 회사의 주주가 되었다고 여기라. 주식은 쉽게 사고팔 수 있는 자산이지만, 그렇다고 가볍게 여기지 말라. 제대로 아는 것에 투자하라고 피터 린치가 말했다. 어느 회사의 지분을 사는 일을 진중하게 여기라, 그러면 잃지 않는다(투자의 제1법칙). "그냥 주식을 사는 게 아니라, 회사를 사는 것이다"라고 워런 버핏이 항상 말한다. 워런은 커리어 초기에 차익거래로 쓴맛을 보았고, 그 실패에서 배워 장기 투자가가 되었다. 회사 지분을 아주 조금 사더라도, 당신을 그 회사의 주주라고 여기라. 투자의 기본은 자산이 좋은 가격일 때 사서 그들이 성장할 수 있게 당신의 자본을 빌려주는 것이다. 그 가치가 올라가면 당신도 부자가 된다. 빠르게 차액을 이용해 먹는 건 품위 있지 않은 행동이다. 하늘은 천박을 싫어한다. 격조 있는 사람을 하늘이 돕는다. 투자에 있어 필요하다면 경영권을 획득할 수도 있다. 당신의 인생을 만족스럽게 만들기 위해 필요한 것은 주인의식이다. 이것이 행복한 관계를 쌓아주니까.

Associations matter

We are social beings. Which means, we inevitably are influenced by those around us. Our experiences shape who we are. Fortunately we possess the strong ability called free will. This simply means our choices. We can make choices for what influences us. This is a great power. Choose your neighbourhood and friends wisely. Associate with the people who already have the things you want. Their thoughts will flow into you, and you will have the thoughts to have the things they have. Don't hang out with the unlucky and incompetent. Good or bad, luck is contagious. Unfortunate people have reasons to be so: their mentality and language are poor. Your language affects your thoughts. Your thoughts are your reality.

관계의 중요성

우리는 사회적인 존재다. 주변 사람들에게 영향을 받을 수밖에 없는 게 인간이다. 경험이 당신을 만든다. 다행히도 우리에겐 자유의지라는 강력한 능력이 있다. 이것은 쉽게 말해 선택이다. 나에게 영향을 주는 것들을 내가 선택할 수 있다. 이는 굉장한 힘이다. 사는 동네와 친구를 현명하게 선택하자. 내가 갖고 싶은 것들을 이미 가진 사람들과 어울리자. 그 사람들의 생각이 내 마음으로 흘러들어올 것이고, 그 생각이 나로 하여금 내가 얻고 싶은 것들을 가질 수 있게 할 것이다. 불행하고 무능한 사람들과는 시간을 보내지 말자. 행운이든 불행이든, 운은 전염성이 있다. 불행한 사람에겐 불행한 이유가 있다. 그들의 사고방식과 언어가 가난하기 때문이다. 언어가 생각에 영향을 끼친다. 생각은 현실이 된다.

Magical notebooks

You don't have to be brilliant to be rich. You don't have to be great to get going. But you have to get going to become great. Start it now. Dreams are mere dreams if you don't put them down on paper. Once you set your dreams down on a planner, it becomes a plan to do. There always are ways to get things done. Just start doing it. Imagination comes to reality from the moment you put it down on a piece of paper. Those who made it know that the most valuable material in the whole world is not digital devices. They're notebooks. Notebooks can turn a dream into a reality. You will be living in your dream thanks to your piles of notebooks. They will get you there. Notebooks are magical objects. Put your dreams down in it, find out ways to achieve it, and execute it.

마법의 공책

부자가 되기 위해 천재적일 필요는 없다. 목표를 향해 헤쳐나가기 위해 비범한 사람일 필요는 없다. 그러나 비범해지기 위해서는 일단 헤쳐나가야 한다. 지금 시작하자. 꿈을 종이에 적지 않으면 그저 꿈으로 남을 뿐이다. 일단 플래너에 꿈을 쓰면 그 꿈은 실행할 계획이 된다. 모든 문제에는 해결할 방법이 존재한다. 그냥 시작해 보라. 물리적인 종이에 꿈을 적는 순간 현실이 되는 첫 단계가 시작된다. 꿈을 이룬 사람들은 안다. 세상에서 가장 가치 있는 물건은 디지털 기기가 아니다. 그것은 공책이다. 공책은 꿈을 현실로 만들 힘이 있다. 열심히 써 올린 공책들 덕분에 현실이 된 꿈에 살고 있는 당신을 맞이할 것이다. 공책은 당신을 도와줄 것이다. 공책은 마법의 물건이다. 공책에 꿈을 쓰고, 이룰 방법을 찾아내어, 실행하라.

Makers don't blame

There is a saying in South Korea that goes, ones who will make it will do so no matter what. This lasts because of three things; attitude, choices, and perseverance. Even if you go to the best university and learn from the best educator, not everyone turns out successful. The environment doesn't really affect one's life. You just don't blame anything external. Here comes choices. Your life is made up of the choices you make. Poor minds choose poorly; the wealthy make exceptional choices. Little decisions since you're a child add up to your life. Winners learn. They persevere when times get difficult. And learn from whatever comes in their way. The meaning of this saying is most of all, you don't blame your circumstances. You own it; and work around it. Getting rich takes self-discipline, and it begins with the mastery of your thoughts. You control your thoughts; as your outcomes.

될놈될의 뜻

한국에는 될 놈은 된다는 말이 있다. 시간이 흘러도 이 말이 진리인 이유는 세 가지 때문이다. 태도, 선택, 그리고 끈기. 최고의 대학교에 가 최고의 선생님에게 배우더라도, 모두가 잘되진 않는다. 환경은 크게 중요하지 않다. 외부적 요소를 탓하지 않으면 된다. 선택이 중요하다. 선택이 모여 인생을 만든다. 빈자는 가난한 선택을 하고, 부자는 훌륭한 선택을 한다. 어릴 때부터의 작은 선택들이 모여 인생을 이룬다. 되는 사람은 배운다. 어려움이 오면 끈기로 이겨낸다. 겪는 모든 일에서 배운다. 될놈될의 뜻은 환경을 탓하지 않는 것이다. 주어진 환경을 내 것으로 품고, 무슨 재료를 쥐었든 그것으로 멋진 작품을 만든다. 부자가 되는 데엔 자기관리가 필요하고, 이것은 당신의 생각을 완벽하게 가다듬는 일로부터 시작한다. 생각이 곧 현실이다.

The rich don't spend any money

Poor minds spend mindlessly on swag and pay a premium for a false sense of superiority and a showy display of wealth, without realising that they are actually making their bank balance weakened and the seller's stronger. Poor minds put their mind on designing their veneer to impress the people around them, whereas rich minds set their mind on designing their business to serve the consumers. When people with a rich mentality start out, they do a lot of deferred gratifications and put their labour money into savings and investments. With time, capital gains exceed labour earnings. Poor minds buy on their impulses. Rich ones think and allocate their precious resources rationally, so that they never lose it. Poor minds spend their hard-earned money on things they don't need. Wealthy mentality buys luxuries with fringes; interests paid, vouchers given, and proceeds gained. That's how royalties stay graceful. Rich mentality never spends the money they've worked hard for, with the most precious resource they have—time. This is why wealth takes patience. When you make your first $100K with labour, you better not spend it. You may save on every expense including food, clothes, and shelter, and put every penny into investments. You can buy nice things with interest paid. You may still not want to touch your labour money because you worked too hard for it. It gives you freedom to not do the things you hate, and so contentment—total peace of mind. Your savings gives you a margin of error, which empowers you to persevere when odds are against you. The ultimate success is survival. It's the poor and the poor-to-be who spend as soon as they earn. They are poor because they're narrow-sighted. The rich see further down the road. And boy there's a long road ahead. And you can do better things with your wealth including making the world a better place as you like.

부자가 돈 쓰는 법

가난한 사고방식은 겉모습을 치장하는 데 사치하고 우월감을 느끼기 위해 추가 비용을 지불하며 부자처럼 보이려고 하는데, 사실 그건 자신의 부를 줄어들게 하고 판매자의 위치를 강하게 한다. 빈자는 다른 사람들에게 멋져 보이려고 외부적인 것에 집중하는 반면, 부자는 소비자에게 더 잘 제공하기 위해 자기 일에 집중한다. 부자의 생각법을 지닌 사람이 처음 시작할 때는 당장의 욕구를 참으며 노동으로 번 돈을 저축하고 투자한다. 시간이 쌓여 자본으로 버는 돈이 노동으로 버는 돈보다 많아진다. 빈자는 충동적으로 돈을 쓴다. 부자는 생각하고 합리적으로 소중한 자원을 분배하여 절대 잃지 않는다. 노동으로 번 돈으로 사치품을 사는 것은 가난한 사고방식이다. 부자는 사치품을 부수적으로 생기는 수입, 예를 들어 이자 수익, 받은 상품권, 그리고 투자 수입으로 산다. 이것이 왕족이 우아함을 유지하는 비결이다. 가장 소중한 자원인 시간으로 노동해 번 돈을 절대 쓰지 않는 것이 부자의 사고방식이다. 이래서 부를 축적하는 데엔 인내가 필요하다. 노동으로 번 첫 1억 원은 쓰지 말라. 음식과 옷, 집을 비롯한 모든 곳에서 비용을 아껴 투자하라. 멋진 물건들은 이자로 살 수 있다. 여전히 노동수익은 건들고 싶지 않을 것이다. 왜냐하면 너무 힘들게 벌었기 때문이다. 이 자본금은 하기 싫은 일은 하지 않을 수 있는 자유와 흔들리지 않는 편안함이 된다. 비축해 둔 현금은 실패를 떠안아 줄 안전망이 된다. 궁극적 성공은 생존이다. 빈자와 졸부는 벌자마자 쓴다. 그들이 가난한 이유는 멀리 보지 못하기 때문이다. 부자는 게임과 인생을 멀리 내다본다. 사업과 인생과 부의 축적은 긴 여정이다. 이 부로 더 나은 일을 할 수 있다. 당신이 원하는 대로 세상을 더 나은 곳으로 만드는 일을.

Take action

Taking no action feels quite safe. The brain tells you if you take no action, nothing really can go wrong. But if you don't take any actions, you will never know what is beyond your little cot. Losers find excuses. Winners find solutions. Becoming rich is humanly possible. Just take action. Unhappiness is the result of inaction. Take action, you will change the outcome. If you blame the outer circumstances for your failures, you go nowhere. Yes, there may be some luck associated with some success. But no, the best luck is the luck you make for yourself through perseverance. You just try it until you make it. You analyse the causes thoroughly why you haven't achieved the height you desire. If you can't figure out why and still blame the circumstances, that is the limit of your growth. All we do on this little planet is possible. You just are to stay strong long enough to actualise your visions.

하라

가만히 있으면 편하다. 아무 일도 하지 않으면 현재 상태를 유지해서 뇌가 안전하다고 인지한다. 그러나 지르지 않으면 당신의 작은 둥지 밖에 더 나은 삶이 있다는 것을 모르고 살다 죽게 된다. 빈자는 변명을 찾고, 부자는 방법을 찾는다. 부자가 되는 일은 인간적으로 가능하다. 그냥 하라. 불행은 무위의 결과다. 행동하면 결과가 달라질 것이다. 부족함을 외부 요인에서 찾는다면, 아무것도 이룰 수 없다. 어떤 성공에는 어느 정도의 운도 따른다. 그러나 최고의 행운은 끈기로 버텨 직접 만들어 내는 운이다. 그냥 될 때까지 하면 된다. 원하는 바를 이루지 못한 원인을 따져보라. 왜 그런지 모르겠고 여전히 환경을 탓한다면, 그게 당신의 성장 한계다. 이 작은 행성에서 우리가 하는 일들은 가능하다. 당신이 바라는 모습이 될 때까지 시도하면 된다.

Learning is earning

Knowledge is not free. You have to pay attention. Be curious, because your good life depends on it. Reduce recurring costs. Prior to anything, invest in learning. Never cut corners on your education. Learning is earning. 85% of billionaires and millionaires are self-made. Only 15% are inherited. Wealth is a reality created by the mind. Developing the mind is the way to wealth. You need to be in a situation to motivate yourself to think sharp. Working hard is necessary, but it isn't what gets you super wealth. Seeing the world with a keen eye and working smart are. Reading gives you this ability. Great achievers are avid readers. Don't rely on cheap content for your education. It gives you information quickly without pain, but it doesn't help you to think. You need to take time to develop your thinking.

배움이 벌이

지식은 무료가 아니다. 관심을 들여야 한다. 알고자 하라. 잘사는 삶은 배움에 달렸다. 고정비는 줄이되 교육은 선투자하라. 교육은 아끼지 말라. 배우는 일이 버는 일이다. 85%의 백만장자와 억만장자가 자수성가한 사람들이다. 겨우 15%만이 상속이다. 부는 머리가 만들어 낸 현실이다. 머리를 계발하는 일이 부로 가는 길이다. 예리하게 생각하도록 동기를 주는 환경에 당신 자신을 처하게 해야 한다. 열심히 일하는 것도 필요하지만, 이것만으로 억만장자가 되진 않는다. 세상의 원리를 이해하는 지성으로 똑똑하게 일해야 한다. 독서가 이 능력을 계발한다. 위대한 성취를 이룬 사람들은 다독가다. 무료 콘텐트에 당신의 교육을 모두 맡기지 말라. 정보를 빠르게 고통 없이 얻을 수는 있겠지만 생각은 하지 않게 한다. 생각하는 능력을 계발하기 위해선 시간을 들여야 한다.

Find a way

There always is something you can do to make a wonderful life from. There is work you can do when you have no money. There is work you can do when you have more ideas than money. There is work you can do when you have more money than ideas. There always are opportunities to make your fortune. It's just you who haven't found it yet. Nay-sayers don't get anything done. So they live a poor life. Go-goers get things done. So they live a rich life. For every problem, there always is a way. Don't judge that it's not possible. You have not even tried it. Don't be negative about things. You never know if it's possible. Humans know nothing for sure. Before deciding that it will not work, try giving it a go. If you see a value in the end result, persevere until you make it. Great feats in history have been achieved without the necessary skills or possibilities. A big pharmaceutical was built by those who never studied biology. Those who did it just made a bold move and made it happen. The key is to find a way that no one else has discovered yet. McDonald's has found it and become the model for all the other businesses that followed it. Starbucks was the first to make take-away cafe lattes a thing.

방법을 찾으라

모든 상황에는 당신이 해서 멋진 인생을 만들 수 있는 일이 있다. 돈이 없을 때 할 수 있는 일이 있고, 돈이 어느 정도 있을 때 할 수 있는 일이 있으며, 돈이 아주 많을 때 할 수 있는 일이 있다. 부자가 될 기회는 인류가 존재하는 한 언제나 항상 있다. 당신이 못 알아볼 뿐이다. 안 될 거라고 말하는 사람은 아무것도 해내지 못한다. 그래서 가난한 삶을 산다. 해보자고 말하는 사람은 해야 할 일들을 해낸다. 그래서 부자의 삶을 산다. 모든 문제에 해결책은 항상 있다. 불가능할 거라고 판단하지 말라. 해보지도 않았나. 부정적으로 생각하지 말라. 가능할지 어떻게 아는가. 인간이 확실히 아는 것은 없다. 안 될 거라고 단정 짓기 전에, 시도라도 해보라. 최종 결과가 당신에게 가치 있는 것이라면 그것을 이룰 때까지 시도하라. 역사상 위대한 업적들은 그를 이뤄낼 적절한 기술이나 해낼 수 있다는 가능성도 없이 이루어졌다. 어떤 큰 제약회사는 생물학을 공부하지 않은 사람들이 세웠다. 그런 일을 이루어 낸 사람들은 그저 대범하게 일을 저지르고 그를 되게 했다. 여기서 핵심은 아무도 찾지 못한 방법을 찾아내는 것이다. 맥도날드는 이것을 찾았고 이후의 모든 기업이 이에서 배워 만들어졌다. 스타벅스는 길에서 들고 다니며 마시는 카페라테를 처음 유행시켰다.

Think

Learn how to think. There is nothing more valuable than learning how to think, because realities are results of your thoughts. You may believe you are thinking, when you are merely rearranging your prejudices. Doing what the media and the masses say to be effective is not thinking. What someone told you is not your thought. Thinking is beyond that. Followers don't have to think because they can just follow the leader. But the leader has to think for themselves. If your aim is to be rich yourself, you have to be the leader of your life. Every single self-made billionaire is a thinker. Without thinking, you cannot achieve anything great. But when you start thinking for yourself, remarkable things happen. The only valuable school to go for is one that teaches you how to think.

생각하라

생각하는 법을 배우라. 생각하는 법을 배우는 것보다 가치 있는 것은 없다. 왜냐하면 당신의 현실은 당신의 생각 결과이기 때문이다. 지금 생각한다고 믿고 있을지도 모르겠지만, 그건 아마 그동안 들은 편견들을 재조합하는 것에 불과할 것이다. 매체나 사람들이 무엇이 좋다고 해서 그걸 하는 건 생각하는 게 아니다. 누군가 당신에게 말해준 것은 당신의 생각이 아니다. 생각은 그 이상의 것이다. 따르는 사람들은 생각할 필요가 없다. 리더를 따르면 되니까. 그런데 리더는 스스로 생각하고 판단해야 한다. 스스로 부자가 되는 게 목표라면, 당신의 인생에 있어서 리더가 되어야 한다. 모든 자수성가한 억만장자는 생각하는 사람이다. 생각해야만 비범한 무언가를 이뤄낼 수 있다. 스스로 생각하고 판단하길 시작하면 놀라운 일들이 일어날 것이다. 갈만한 가치가 있는 유일한 학교는 생각하는 법을 알려주는 곳이다.

Think for yourself

What more people think right is not necessarily the right answer. The vast majority of people don't think. Seen from above the space, human life is not so different from that of ants. When ants follow the tracks someone else built before them, a thinking ant goes off the track and builds his own kingdom. Many great people achieved dashing feats going against what their family and friends have said to them. You should do what you believe in. You should think for yourself. People say it's impossible because they don't want to work for it. It's possible if you are serious about it. You find ways to make it work if you are really desperate. You make it work if you really want it. Don't follow street wisdom. Think for yourself.

직접 판단하라

많은 사람들이 맞다고 생각하는 것이 꼭 맞는 답은 아니다. 대부분의 사람들은 생각하지 않는다. 저 멀리 우주에서 지구를 바라보면, 인간의 삶은 개미의 삶과 딱히 다르지 않다. 개미들이 앞서간 개미가 만들어 놓은 길을 따라갈 때, 생각하는 개미는 그 길에서 벗어나 그만의 왕국을 설립한다. 빛나는 업적을 이룬 많은 사람은 가족과 친구들의 말을 거스르며 해내었다. 당신의 신념을 따르라. 스스로 알아보고 스스로 판단해야 한다. 불가능하다고 말하는 사람들은 그걸 하기 싫기 때문에 그런 말로 표현한다. 진심이면 가능하다. 진짜 절실하면 어떻게 해서든 방법을 찾아내 해낼 것이다. 진정 원하면 되게 할 수 있다. '카더라'는 믿지 말라. 직접 알아보고 직접 판단하라.

Be authentic

Nothing great can withstand the weight of success without integrity. Be truthful. Act truthfully. Be genuine. Try to build something original. You can learn from imitating the good. But that's for learning. Copycats lack integrity. Copycats are not admirable. Copycats don't move anybody. You can do better than that. It just takes some more time on developments and thinking. But boy the rewards are worth it. Don't make fakes. Is your life fake? Lasting wealth is built on what is original. Being original takes knowing who you are; your strengths, weaknesses, core values, identity, purpose, and limits. So you can be sure of your actions. People are drawn to the one who asserts assurance.

진짜가 돼라

정직의 근본 위에 지어지지 않은 성공은 그 어떤 위대한 것이더라도 그 덧없음의 하중을 견뎌내지 못한다. 당신을 알 것. 진실할 것. 진심을 행동할 것. 거짓 없는 사람이 될 것. 시초가 되는 무언가를 창조할 것. 따라 하는 것으로 배울 수는 있다. 그러나 이는 배움만을 위한 것이다. 줏대도 없이 베끼는 사람들은 진정성이 결여되어 있다. 따라쟁이는 존경받을 가치가 없다. 남의 것을 베끼는 사람은 그 누구도 감동하게 하지 못한다. 우린 그보다 더 잘할 수 있다. 단지 약간의 시간과 생각이 들 뿐이다. 오리지널한 무엇을 만들어 내어 얻는 보상은 애쓸 가치가 충분하다. 모조품을 만들지 말라. 당신의 인생이 가짜인가? 오래가는 부는 원작으로 만든 부다. 원작이 되려면 당신을 알아야 한다. 당신의 강점과 약점, 중심 가치관, 정체성, 존재의 목적, 그리고 당신의 한계를. 그러면 확신을 갖고 행동할 수 있다. 사람들은 확신에 찬 사람에게 이끌린다.

The lighthouse

When the world seems dark, you may be the light. You can light up the dark ocean. You can enlighten yourself and others. You can be the lighthouse in the corner of the planet you are on. Building a lighthouse begins from finding a solid foundation. This is called integrity. To construct a lighthouse that can withstand countless storms, you may want to take time to build it. Once built, you are the source of light which everyone can benefit from. But it can't light the world and guide mankind for a better future when it's covered in mud and fake lenses. You must maintain your integrity as to keep the light within you equals the light you emanate. People will be drawn to your bright light. This is your success and honour.

등대

세상이 온통 어둡다면, 당신이 빛일지도 모른다. 어두운 바다를 바로 당신이 밝게 비출 수 있다. 스스로를 교육하고 다른 사람들을 도울 힘이 당신에게 있다. 이 행성 위 당신이 서 있는 땅의 등대가 될 수 있다. 등대를 짓는 여정의 시작은 단단한 기반을 찾는 것이다. 이것을 '인테그리티'라고 한다. 수없이 많이 몰아치는 태풍을 견뎌낼 등대를 짓기 위해서는 그만큼 시간을 들여야 한다. 일단 지어지면 모든 이가 도움을 얻는 빛의 원천이 될 수 있다. 그러나 당신이라는 등대가 진흙과 가짜 렌즈에 덮여 있으면 세상을 비추어 인류를 더 나은 미래로 이끌 수 없다. 당신의 가슴 속 빛과 세상을 향해 발산하는 빛이 일치하도록 인테그리티를 지켜야 한다. 그러면 사람들이 당신의 밝은 빛에 이끌려 올 것이다. 이것이 성공이고 명예다.

What a leader needs

Smart is what workers do. Shrewd is what leaders are. Smart choices for items, business models, and strategies can get you so far. Going further takes insight into the essence of things. Vision is the exclusive province of the guiding light. Insight is born of thinking thoroughly for an extended period of time over various experiences. Nothing great is granted for free of work. A valued prize is worth fighting for. Hone the sword of your thoughts, and you make yourself abundant. And there comes the one trait that is common to all leaders and yet irreplaceable by machines: empathy. Wealth is not built alone. Human connection is essential. To move people, you need to feel them.

리더가 필요한 것

똑똑함은 일하는 사람이 하는 것이다. 명확한 판단력은 이끄는 사람의 자질이다. 똑똑하게 고른 제품과 사업 모델과 전략은 성장에 한계가 있다. 그 이상으로 나아가기 위해 필요한 것은 세상의 본질을 꿰뚫어 보는 통찰력이다. 일반 사람들은 보지 못하는 것을 보는 비전은 이끄는 자만이 지닌 특별한 능력이다. 통찰력은 다채로운 경험을 아주 깊게 그리고 오래 생각하여 얻을 수 있다. 일하지 않고 얻을 수 있는 것 중에 훌륭한 것은 없다. 가치 있는 상은 싸울 가치가 있다. 생각이라는 검을 갈고닦으면 당신의 삶은 자원으로 풍족해질 것이다. 그리고 모든 리더를 관통하는 하나의 자질이 있다. 기계도 대체할 수 없는 이것은 공감 능력이다. 부는 혼자 이뤄지지 않는다. 사람들과의 유대는 필수다. 사람을 감동하게 하기에 앞서 공감해야 한다.

Rules change in a game

A decade ago, the leaders of the world advocated that the best skill for the young to get was coding. Now this is obsolete. The rules have changed. The best skill now is storytelling in English. As you delve into the history of economies, you will find out that the wisdom that worked in the past no longer does today. Old deeds for the old world; new for the new. Change is a crisis for the unlearning; an opportunity for the learners. Change is the nature of this world. We survive on evolution. Adaptability is the ultimate skill for survival. Refusing to change means choosing to be removed from this world. True intelligence is fluidity. Flexible minds are the smart ones. Only one thing is uncompromisable: Be tenacious on your ultimate goal. The rest shall remain open to change.

세상은 변한다

10년 전에는 젊은이가 갖추면 가장 가치 있는 기술이 코딩이라고 세상을 움직이는 사람들이 공개적으로 추천했었다. 지금은 이 조언이 구시대적 발상이 되었다. 게임의 규칙이 바뀌었다. 지금 인간이 가질 수 있는 최고의 기술은 세계어인 영어로 이야기할 줄 아는 능력이다. 경제의 역사를 파보면 과거엔 적용되었던 지혜가 지금 시대엔 적용되지 않음을 알 수 있다. 옛 세상엔 옛 방식. 새 세상엔 새 방식. 변화는 배우지 않는 자에겐 위기지만 배우는 자에겐 기회다. 변화는 이 세상의 본성이다. 인류는 진화로 살아남는다. 생존의 궁극적인 기술은 적응력이다. 변화를 거부하는 것은 이 세상에서 없어지길 선택하는 행동이다. 진정한 지성은 유동적이다. 유연한 사람이 똑똑한 사람이다. 단 하나는 타협 불가하다. 최종 목표는 꽉 잡아야 한다. 목표를 이루기 위한 방법은 변화의 가능성을 열어두어야 한다.

Attitude determines your altitude

Poor mentality tries to give less for a dollar. Rich mentality tries to give more for a dollar. It's all got to do with the feelings you give to your customers. Say you want to help out a poor artist. You give the artist a job. The artist works on the job and gives you the artistic result. But the outcome is wrong. The artist didn't understand the instructions. So you let the artist try again. The artist now comes back with a shitty result. You pay the artist the best as you can. The artist receives it all, but then delivers a shitty work you cannot use for your best work. The artist then says she can't give you the fine work she did in the first attempt, because she will use it for her own work. You paid the artist for nothing. You wasted your time. You feel terrible because a poor artist gave you a dodgy work for a price more than she deserves. This is an example of a poor mentality. The rich-to-be though try to give more for a dollar. A successful teacher in his beginning takes a train to come to a young girl living in another city to give her a lesson for an hour, and comes back. Repeatedly. The commute costs more than the tuition, but he does it because he cares about the student, because he wants to make a difference in his client's life with his work. Whether the young student appreciates his work or not does not matter. What matters is your attitude as a service provider to do whatever it takes to deliver what you promise. This attitude sets you apart. There is a reason behind someone's poverty, as well as for success.

태도가 성공을 결정한다

빈자는 돈을 받고 최대한 적게 주려 하고, 부자는 최대한 많이 주려 한다. 이게 중요한 이유는 당신과 거래하는 사람의 감정에 영향을 끼치기 때문이다. 가난한 예술가를 도와준다고 가정해 보자. 그 사람에게 일거리를 준다. 예술가는 작업해서 예술적인 결과물을 만들어 온다. 그런데 결과물이 잘못되었다. 예술가는 작업 요건을 이해하지 못했다. 그래서 다독여 주고 다시 해보라고 가이드를 더 정확히 준다. 이번에 예술가는 대충 그린 허접한 작업물을 들고 온다. 당신은 예술가에게 해줄 수 있는 최선으로 작업에 대해 지불한다. 예술가는 이걸 모두 받고는, 당신이 최고로 해내고자 하는 프로젝트에 쓸 수 없는 삼류의 작품을 전달한다. 그러고는 예술가가 앞서 했던 질 높은 작업물은 자신의 창작 활동에 쓸 것이라고 건네줄 수 없다고 한다. 당신은 그 작가에게 일을 주고 시간과 자원을 지불했는데 아무것도 얻지 못했다. 당신은 쓸 수 없는 후진 작업물에 비싼 대가를 지불하고 기분이 좋지 않다. 가난한 예술가는 자기가 챙길 것만 받아 가고 고객에게 합당한 가치는 전달하지 않았다. 이것이 가난한 사고방식의 예이다. 그러나 부자가 될 사람은 얼마를 받든 더 많이 주려고 애쓴다. 성공적인 선생이 커리어를 처음 시작할 때는 다른 도시에 사는 어린 소녀에게 한 시간 수업을 해주기 위해 직접 기차를 타고 갔다가 돌아온다. 한두 번이 아니라 계속. 이동 자체가 수업비보다 비싸다. 그래도 선생은 이렇게 한다. 왜냐하면 선생은 그 소녀를 진심으로 위하기 때문이고, 자신의 업으로 고객의 인생을 더 낫게 만드는 데 진심이기 때문이다. 어린 학생이 선생의 이런 사정을 알아보고 감사하는지 아닌지는 중요하지 않다. 중요한 것은 서비스 제공자로서 약속한 가치를 온전히 전달하느냐다. 이 태도가 성공할 사람을 성공하게 한다. 가난과 성공에는 이유가 있다.

How to have deep pockets

An act doesn't do anything. Consistent acts do. Building wealth is building wealth-building habits. Greatly wealthy people are system builders. Before you go out building systems for other people, build your own habits. Decide your habits. Your habits will decide your future. Discipline is choosing between what you want now and what you want the most. What you want the most is to be wealthy. It means freedom. You can live the life the way you want to live it. So you choose to find the most valuable work you can do and execute the idea. you choose to put my time in the work that matters to you. Each year, each month, and each day you have check-lists. Your job is to tick the boxes. This habit decides your life. Just focus on doing your job better, and your bank balance will mount up.

돈이 흘러넘치게 하는 법

한 번의 행동은 아무 일도 이루지 못한다. 지속적인 행동이 무엇이든 이뤄낸다. 부를 건설하는 일은 부를 건설하는 습관을 건설하는 일이다. 큰 부자는 시스템을 만든다. 다른 사람들이 쓸 시스템을 만들기 전에, 당신 자신의 습관부터 만들라. 습관을 결정하면, 그 습관이 나의 미래를 결정한다. 절제력이란 내가 당장 하고 싶은 행동과 진정 원하는 바 중에서 고르는 선택이다. 당신이 가장 원하는 것은 부유해지는 것이다. 부는 자유다. 인생을 원하는 대로 살 수 있는 자유다. 그래서 내가 할 수 있는 가장 가치 있는 일을 찾고 그 생각을 실행한다. 당신에게 가장 중요한 일에 시간을 들이라. 해마다, 달마다, 날마다 해야 할 일 목록이 있다. 당신의 일은 그 목록에 다 했다고 체크하는 것이다. 이 습관이 인생을 결정한다. 일을 더 잘하는 데 집중하라, 그러면 계좌 잔고는 늘 어날 것이다.

Where big wealth lies

Big wealth begins from big thinking. You are poor because all you can think is making $10,000 a month. It's nothing. Think big. The money you earned in exchange for a year of hard labour can be spent on a single day. Don't chase the numbers. Do what people need. Think about the people who use your products or services. What good do you provide to the people? Money is only an exchange for the value you provide. The bigger value you provide to more people, the bigger the wealth you get. Do your job properly. Be the best at it. And you will be wealthy enough, as in you wouldn't have to worry about money. Keep refining your craft. In the process, you will be happy and content. This is true wealth.

큰 부가 있는 곳

큰 부는 큰 생각으로 시작한다. 당신이 가난한 이유는 달에 천만 원을 버는 것밖에 생각하지 못하기 때문이다. 그건 아무것도 아니다. 더 크게 생각하라. 일 년 내내 고생해 번 돈을 단 하루에 다 쓸 수도 있다. 숫자를 쫓지 말라. 사람들이 필요한 일을 하라. 당신의 제품이나 서비스를 사용하는 사람들에 대해 생각하라. 사람들에게 어떤 가치를 제공하는가? 돈은 그 가치에 대한 교환일 뿐이다. 더 많은 사람들에게 더 큰 가치를 제공할수록, 더 큰 부를 갖게 된다. 당신의 일을 제대로 하라. 그 일에 최고가 돼라. 그러면 돈 걱정은 크게 하지 않아도 될 정도로 충분히 부자가 될 것이다. 계속 업을 더 잘하는 데 집중하라. 그 과정에서 행복과 평온을 얻는다. 이것이 진정한 부다.

Mind over matter

Mind over matter. If you are ruled by mind, you are a king; if by body, a slave. Think, and you grow rich. Gratify yourself too early, and you get poor. The real wealth is in delaying gratification. Master your mind, and you are the master of everything. For a man to conquer their mind is the first and noblest of all victories. Mind over matter. Your vision, your creativity, your insight, your dedication, and your execution can win over big capital. Your mind is superior to mindless mass.

머리는 물질보다 우월하다

정신의 힘은 물질을 초월한다. 정신의 힘으로 스스로를 통제할 수 있다면 당신은 왕이다. 본능에 지배를 받는다면 당신은 노예다. 생각하라, 그러면 부자로 거듭날 것이다. 너무 일찍 자신에게 만족을 주면 가난해진다. 진정 커다란 부는 만족을 늦추는 데 있다. 정신을 다스리면 모든 것을 다스릴 수 있다. 사람이 자신의 정신을 정복하는 것이 모든 성공의 가장 첫 실적이고 가장 고귀한 업적이다. 물질보다 우세한 것은 뛰어난 머리다. 당신의 비전, 당신의 창의력, 당신의 통찰력, 당신의 헌신, 그리고 당신의 실행이 큰 자본을 이긴다. 당신의 생각은 생각 없는 물질 덩어리보다 우월하다.

What do you do with your time?

Did you leave the world better than when you found it? Lane Janesky asks. He makes $650m a year fixing basements in America. And he says, "if you have to work 70 hours a week, you are doing it wrong." He prioritises what really matters: the family, having some fun, relationships, the good that you have done, and the footprint you leave. He doesn't get his self-esteem from how much money he makes. He gets it from the relationships. Money is a tool; never a goal. What really matters is what you do with your time, mind, and energy. You have so much of it.

시간으로 무엇을 하는가?

세상에 왔을 때보다 더 나은 곳으로 만들고 떠났는가? 레인 제인스키가 묻는다. 그는 미국에서 집 지하 공간을 고쳐주고 연 8,700억 원을 번다. 그러면서 하는 말이, "주에 70시간을 일해야 한다면 잘못하고 있는 거다." 그는 진짜 중요한 것을 우선순위에 둔다. 가족, 인생을 즐기는 것, 사람들과의 관계, 세상을 위해 좋은 일을 하는 것, 세상에 어떤 족적을 남기는가. 그는 얼마나 많은 돈을 버느냐에서 자존감을 얻지 않는다. 관계 속에서 얻는다. 돈은 도구다. 결코 목표가 아니다. 중요한 것은 당신의 시간과 머리와 에너지로 무엇을 하느냐다. 한정되어 있으니까.

The essence of wealth

The essence of all wealth is time. The owner of a long-lasting business is wealthy. The provider of products or services which people love to spend their time on becomes rich. The price of a real estate property depends on the location which saves people time. Those who can delay gratification stay wealthy. Being wealthy means not having to do what you don't want to do: so your peace can be undisturbed. Spending is what the insecure do. Those who are grounded in life have no need to. Ones who are able to save up most of their earnings and grow them at a rate become rich in time. Ones who find their trade early and put more time in it become wealthy.

부의 본질

부의 본질은 시간이다. 오래 살아남을 수 있는 사업체의 주인이 부자다. 사람들이 기꺼이 자기 시간을 쓰고 싶은 제품이나 서비스를 만들어 제공하면 부자가 된다. 부동산 가격은 사람들의 시간을 아껴주는 위치에 비례한다. 소비하여 당장의 만족을 얻는 시간을 늦출 수 있는 사람이 끝까지 부자로 산다. 부자로 산다는 건 하기 싫은 일은 하지 않아 평온한 마음을 항상 품을 수 있는 상태다. 소비는 심적으로 부족한 사람이 하는 행동이다. 마음이 충만한 사람은 소비할 필요가 없다. 버는 돈의 대부분을 저축하여 적절한 수익률로 키울 수 있는 사람이 부자가 된다. 자신의 업을 일찍 찾아 그 일에 시간을 더 많이 들인 사람이 부자가 된다.

Delay gratification

When you are gratified with an outcome, that's where you stop growing. It's a long journey ahead. Giving in to pleasure is setting your own ceiling. You can reward yourself for a job well done, but a party too early on in the journey will sap your energy to go on. Worse, you eliminate any room for error which will destroy you forever. In order to be wealthy and stay that way, you need to learn to delay gratification and put a certain amount of cash aside for savings and investment every single month for the next 50 years. If it's not the case for you and you have to spend it for immediate satisfaction, that is the measure of who you are; you should know your place and stop daydreaming about riches. This is why less than 1% of the population become rich. The rest can't delay gratification. Wealth takes patience and thinking ahead.

사고 싶은 것을 미룰 줄 알 것

어떤 결과에 만족하면 당신의 성장은 거기까지다. 앞에 긴 여정이 펼쳐져 있다. 쾌감에 당신 자신을 파는 건 스스로 성장 한계치를 정하는 것이다. 부자가 되어 부자로 살려면 당장의 만족을 미룰 줄 알고 매달 꾸준히 같은 양분(돈)을 수익률(성장률)이 있는 곳에 투자하여 50년 지속하면 된다. 그렇게 하지 못하고 당장 만족을 이루는 것에 소비해야 하면 당신의 그릇은 그만한 것이고 부자가 될 헛된 희망은 품지 말고 본분을 깨닫고 살아가면 된다. 그래서 부자가 되는 사람은 1% 미만인 것이다. 99%의 사람들은 당장의 욕구를 주체하지 못한다. 앞을 내다보고 참을성을 기르면 부자에 가까워진다.

Be a learning-hungry sponge

Make a habit of learning, you are better off than anyone around you. Growing up poor, M has had friends and families all poor because they thought poorly. Everyone around M thought doing well in school was the best way to a successful life. M worked hard to get good grades to go into a reputable university because irresponsible teachers manipulated the students into believing that doing so solves life's problems. It turns out to be a lie. Bachelor degrees are merely a ticket to get your first job, and a rather over-priced one. You prove yourself to your first employer that you can keep showing up in the office and do some work. M realised this early on and started his own business during his undergraduate studies. He was like a sponge, absorbing the abilities of the lecturers and successful people around him. He eventually dropped out but learned all the essentials to be successful, including how to learn. As he felt insecure, he absorbed knowledge from every chance he could. He became wiser each day. This habit of learning added up to hundreds, and thousands of days. M became far more successful than any peer. M became a millionaire in his youth, when most others do so in late 50's or die poor.

스펀지가 되어라

날마다 배우고 성장하는 습관을 만들면, 주변 사람들 누구보다도 잘살게 될 것이다. 가난한 가정에서 자란 M은 주변 사람들이 모두 가난했다. 다들 가난하게 생각했기 때문이다. 주변인들 모두가 학교 공부를 잘하면 성공한다고 생각했다. M은 유명한 대학교에 가기 위해 열심히 공부했다. 왜냐하면 무책임한 선생들이 그렇게 하면 인생의 모든 문제가 해결된다고 잘못 알려주었기 때문이다. 시간이 흐르고 그건 거짓말임이 드러났다. 학사 학위는 그저 첫 직장에 들어가기 위한 표였고, 지나치게 비싼 표였다. 대학교 성적은 매일 출근해 할 일을 할 수 있다는 증명이었다. M은 학사 과정을 하면서 이를 빨리 깨닫고는 자기 사업을 시작했다. 그는 성공적인 사람들과 강사들의 능력을 스펀지처럼 흡수했다. 성공하기 위해 꼭 필요한 모든 것을 배우고는 대학을 중퇴했다. 그 중 하나는 배우는 법이다. 중퇴하여 불안한 만큼 그는 지식과 지혜를 흡입했다. 그는 날마다 조금씩 더 현명해졌다. 이렇게 날마다 더 나은 사람이 되는 습관이 몇백 일, 몇천 일이 더해졌다. M은 또래 그 누구보다도 훨씬 크게 성공했다. 다른 사람들이 50대 후반에 백만장자가 되거나 죽을 때까지 가난할 때, 그는 젊을 때 백만장자가 되었다.

It's a long road ahead

Patience is of the essence in wealth building. At crafting your skills, you have to put in more time than anyone else. At building a business, you should look to survive in business for the next 50 years. In stock market investing, you should buy a stock you can hold at least for some days at the best price. If you can't take time, you better not start it. When designing products or services, you want it to last 50 or 100 years. This long-term thinking will change your game. Getting rich quickly may appear attractive. But you should also see the other side of such a plot: you will lose it as quickly. Leverage is that dangerous game. Don't borrow money. So even if you fail, you can start again. Human beings can't know anything for sure. You must do what you have control over.

멀리 내다보라

부를 쌓는 데 가장 중요한 능력은 인내다. 업을 계발할 땐 누구보다 많은 시간을 들이라. 사업을 성장시킬 땐 앞으로 50년간 계속 시장에 존재하도록 목표하라. 주식 투자에서는 가장 좋은 가격에 사서 최소한 며칠은 쥐고 있을 수 있어야 한다. 시간을 들일 수 없으면 시작조차 하지 않는 게 낫다. 제품이나 서비스를 디자인할 땐 50년, 100년 가도록 하라. 이 장기적 생각이 게임의 판도를 바꿀 것이다. 빨리 부자가 되고 싶을 것이다. 그러나 그 이면이 있음을 알아야 한다. 빨리 번 만큼 빨리 잃을 것이다. 레버리지가 그런 위험한 게임이다. 돈을 빌리지 말라. 그러면 실패하더라도 다시 시작할 수 있다. 인간이 확실히 알 수 있는 것은 없다. 결과를 당신의 능력으로 제어할 수 있는 일을 해야 한다.

The golden currency of success

Discipline is the golden currency of success. The more you mint, the wealthier your future will become, Mark Tilbury said. This is why Warren Buffett is zillion times richer than the average grandpa. Discipline means training. When you are disciplined, first you know what you are doing, and second you hold the control over your time. A disciplined person chooses what is valuable for their aspiration, over what they want now. Doing what you have to do for your dream is discipline. Doing what you want to do now is indulgence. Having some fun enriches your life. But after doing your work first. Fun is more fun when it's a reward. The nature of wealth is reward.

성공의 황금 주화

행동 원칙은 성공의 금화다. 더 많이 찍어낼수록 당신의 미래는 더 부유해진다고 마크 틸버리가 말했다. 이것이 워런 버핏이 평범한 할아버지보다 억만 배 부자인 이유다. 이것은 훈련이다. 행동 원칙이 있으면 첫째로 당신이 무엇을 하는지 알고, 둘째로 당신의 시간을 통제할 수 있다. 원칙대로 행동하는 사람은 꿈을 위해 가치 있는 행동을 선택하고, 당장 욕망이 이끄는 행동은 하지 않기를 선택한다. 꿈을 위해 해야 할 일을 하는 것이 행동 원칙이다. 당장 하고 싶은 것을 하는 건 방종이다. 약간의 재미를 즐기는 건 삶을 풍요롭게 한다. 그러나 할 일을 한 다음에 놀아야 한다. 재미는 보상일 때 더 재밌다. 부의 본성이 보상이다.

Stick around for a long time

Dell makes boring computers. But when so many other companies come and go, it's been around for four decades. 40 years in business is no mean feat. Dell is worth $79B as of 2024, and Michael Dell started his company when he was 19. The secret to his success and wealth is simple: "you just don't quit." This is the law of success: perseverance. You keep building your wealth until you make enough of it, and continue staying wealthy by not making stupid decisions. When you run a business, aim to stay in business. In a personal perspective, you've got to think about how you want to live the rest of your life. Life is long. So as business. Don't just live for today or this month. Wealth is well being, as long as you live. The ultimate success is survival.

오래 존재할 것을 염두하라

델은 지루한 컴퓨터를 만든다. 많은 회사가 생겨났다가 사라질 때, 델은 그러나 40년이나 사업을 지속하고 있다. 이는 작은 성취가 아니다. 델은 2024년 109조 7,400억 원의 가치를 품었다고 평가되고, 이 회사를 만든 마이클 델은 19살에 사업을 시작했다. 그의 성공과 부의 비결은 간단하다. "그냥 관두지 마." 이것이 성공의 법칙이다. 끈기. 원하는 만큼 계속 부를 축적하고, 그것을 잃지 않기 위해 미련한 결정을 내리지 말라. 기업을 경영한다면 존속을 목적하라. 개인적인 인생의 관점에서는, 앞으로의 여생을 어떻게 살 것인지 반드시 생각해야 한다. 인생은 생각보다 길다. 기업도 그렇다. 당장 오늘 또는 이달만을 살지 말라. 부란 살아 있는 동안 쭉 잘 사는 것이다. 궁극의 성공은 생존이다.

Turn crises into opportunities

When Nvidia was founded in 1993, it was the first and the only consumer 3D graphics company. For the next 5 years they made wrong decisions as well as good ones. But in 1997 with the rise of a competitor, their backs were up against a wall; running out of time, money, and hope. It was a desperate and pivotal moment for Nvidia's survival. They decided to figure out a way to build the best product in the world. The same goes for Apple in the same situation. And this brilliant decision to use a crisis for their advantage changed history. It all comes down to whether people pay for your product. Rivalry is advantageous as it pushes human innovation forward. It helps you focus and work harder on refining your work. As the Korean and Chinese idiom "bae su ji jin" goes, you can win the battle when you are desperate and fight for life. This is also the meaning of "stay hungry" and "lean in". To keep you motivated, you aim higher. You commit to it when faced with difficulties or resistance. Besides, there always are winning businesses in a recession. Opportunities always exist. It's the human who overlooks them. The world is abundant with opportunities.

위기를 기회로 바꾸라

엔비디아가 설립되었던 1993년에는 소비자가 직접 사는 3D 그래픽 회사로는 최초였고 유일했다. 그 후 5년간 잘못된 결정도 내리고 좋은 결정도 내렸는데, 1997년에 경쟁사의 성장으로 엔비디아는 궁지에 몰렸다. 시간도, 돈도 떨어지고 희망마저 사라지고 있었다. 기업 존폐의 기로에 처해 절박했던 시기였다. 그래서 어차피 끝날지 모르니 세계 최고의 제품을 만들어 보기로 마음을 먹었다. 애플이 같은 상황에 처했을 때도 같은 판단을 내렸다. 이 위기를 이점으로 쓴 훌륭한 결정이 인류의 역사를 바꿨다. 부와 성공은 결국 사람들이 당신의 제품에 돈을 내느냐로 결정된다. 경쟁 구도는 좋은 것이다. 인류의 혁신을 이끌기 때문이다. 라이벌이 있으면 일에 더 깊게 몰입해 더 좋은 제품을 만들게 한다. 사자성어 배수지진처럼, 절박한 상황에서 죽을 듯 싸우면 이길 수 있다. 이것이 스티브 잡스가 말했던 "Stay hungry"와 셰릴 샌드버그의 "Lean in"의 의미이기도 하다. 계속 움직이기 위해 목표를 높게 잡으라. 어려움이나 저항에 부딪히면 그 상황에 100% 전념하라. 그나저나, 경기침체기에도 성장하는 사업은 항상 있다. 기회는 언제나 있다. 그걸 못 알아보는 게 인간이다. 세상은 기회로 충만하다.

Take responsibility

Wealth is meant to be a reward from Nature. It separates those who get things done from those who never get things done. For those who do, what energises them is their ability to take responsibilities. It means you are dependable, make good choices, and take accountability of your actions. You can ignore the consequences of your actions or inactions. This irresponsibility is the cause of your poverty. When you take responsibility for your own life, you run off your safe nest and do your best wing flapping to take off into the sky. When you take responsibility for your actions, you don't drive off with your own car and crash and burn. You make sure that you preserve yourself and your loved ones. Only you are accountable for your life. When you lead an unhappy and poor life, it's your responsibility. Nature didn't give you life to live like that.

책임을 지라

부는 본래 자연이 내려준 상이다. 부는 일을 해내는 사람들과 아무 일도 못 해내는 사람들을 가른다. 해내는 사람들을 움직이는 힘은 책임을 질 줄 아는 능력이다. 책임을 진다는 의미는 당신이 믿을만한 사람이고, 좋은 선택을 내릴 줄 알며, 당신의 행동에 책임을 진다는 말이다. 당신의 행동 또는 무위가 미치는 영향을 무시할 수도 있다. 당신의 인생에 책임을 진다면 안전한 둥지를 벗어나 하늘로 날아오르도록 온 힘을 다해 날갯짓할 것이다. 당신의 행동에 책임을 진다면 자기 차를 타고 나가 사고를 내지 않을 것이다. 당신 자신과 사랑하는 사람들의 무사를 위해 전심을 다 할 것이다. 당신의 인생에 대한 책임은 오직 당신에게 있다. 불행하고 가난한 인생을 산다면 그건 당신의 책임이다. 자연은 그러라고 생명을 주지 않았다.

Feelings are fundamentals

The essence of what we do is to feel good. It all comes down to feeling good about ourselves. Wealth means well being. A good building isn't one that just shows off their superiority; it is one that makes you feel good when you interact with it. A good teacher is one who can correct your mistakes without causing resentment. A good product is one that ultimately makes the user feel good when they use it. A good service is not grovelling, but a fair treatment. The difference between a good consumer business and a great one is in the details of the staff members on how they make the guests feel. A fair price is one that feels good for both parties. A good friend is one who makes you feel better about yourself. Apply this to your work, and you will be a success.

감정이 근본이다

우리가 하는 일의 본질은 좋은 느낌을 위해서다. 모든 일은 우리 자신에 대해 좋은 느낌이 들기 위해서다. 부는 잘 살아 있는 것이다. 좋은 건물은 그 건물의 우월함을 자랑하는 것이 아니다. 사람들이 그 건물과 교류를 하며 좋은 느낌을 받는 건물이 좋은 건물이다. 좋은 선생은 기분 상하지 않게 실수를 바로잡아 줄 수 있는 사람이다. 좋은 제품이란 궁극적으로 그 사용자가 그것을 쓰며 좋은 느낌을 받는 것이다. 좋은 서비스는 굽실거리는 게 아니라 공평하게 대하는 것이다. 좋은 소비자 기업과 위대한 기업의 차이는 손님이 어떤 느낌을 받게 하는지의 디테일에 있다. 합당한 가격은 거래하는 양쪽 모두에게 좋은 느낌을 주는 가격이다. 좋은 친구는 그의 존재로 나의 격이 올라가는 사람이다. 이를 당신의 업에 적용하면 당신은 성공할 것이다.

Understand value

To be truly wealthy, one must understand value. Value is what benefits someone. As human beings, we can't do everything on our own. So we exchange values. You provide a value better than others, you are a success. When you provide a unique value and have an unfair advantage over it, your success lasts and can be a great one. Beneath all values, nothing is more profound than time. Time is of the essence. Making someone else's time worthwhile is the very essence of value you can trade and benefit the people as well as yourself in which the world consists of. The value you create and provide moves humanity forward.

가치를 이해하라

진정 부자가 되려면, 가치를 이해해야 한다. 가치란 다른 누군가에게 이익이 되는 것이다. 불완전한 존재인 인간으로서 우린 모든 것을 스스로 할 수는 없다. 그래서 가치를 교환한다. 어떤 가치를 남들보다 더 잘 제공하면 성공한다. 세상에 하나밖에 없는 가치를 제공하여 남들은 베낄 수 없는 이점을 가지면 그 성공이 유지되고 위대한 성공이 될 수 있다. 그리고 모든 가치를 관통하는 것이 있는데, 그것은 시간이다. 본질적으로 중대한 단 한 가지는 시간이다. 다른 사람의 시간을 좋게 하는 것이 가치의 근원이다. 이 가치는 다른 사람들은 물론 당신 자신을 이롭게 하며, 다른 사람들과 내가 곧 세계다. 당신이 만들어 내어 제공하는 가치가 세상과 인류를 더 나은 것으로 만든다.

A reason for poverty

Poor people are poor because they see things poorly. Rich people are rich because they can discern what is of high value. One of the most successful businessmen Rockefeller did nothing but see values and think for solutions. One of the world's richest and lovable people Warren Buffett spent most of his day sitting down and reading. Perception can be refined through education. This is why the rich don't spare expenses for learning. It's a free market we are living in. There is no one else to blame but yourself for the life you get. When you can sharpen your eyes to recognise good values that are not yet widely recognised, you can make yourself rich. Wealth comes from right choices. Being right takes wisdom and knowledge.

가난의 이유

가난한 사람이 가난한 이유는 알아보는 눈이 없기 때문이다. 풍족한 사람이 그러한 이유는 무엇에 큰 가치가 있는지 알아볼 수 있기 때문이다. 가장 성공적인 사업가 중 하나인 라커펠러가 했던 일은 가만히 앉아 가치를 알아보고 해결책을 생각한 것이다. 세상에서 가장 부자인 데다 사랑받기까지 하는 워런 버핏은 하루의 대부분을 앉아서 읽는 데 쓴다. 현상과 사물에 대한 해석인 인식은 교육을 통해 예리해질 수 있다. 이것이 부자가 교육에 돈을 아깝게 여기지 않는 이유다. 우리는 자유 시장 경제에 살고 있다. 당신의 인생을 책임질 사람은 당신밖에 없다. 아직 사람들이 몰라보는 높은 가치를 먼저 알아보는 눈을 갖도록 인식을 단련하면 부자가 될 수 있다. 부는 옳은 선택들로 만들어진다. 옳은 선택을 하려면 지혜와 지식이 필요하다.

Find your game

Don't follow your passion. What you love doing is better to be kept as a hobby. When it becomes your job, you lose the love for it. And often people don't know what their passion is. Instead of following the silly advice of 'follow your passion', find your game. Find the game which makes sense to you so that you feel confident that you will win if you persevere. Find the game that you love to refine and to play for hours rain or shine. This will get you there. Winnings and setbacks are all part of the game. Embrace it.

당신에게 맞는 게임을 찾으라

열정을 좇지 말라. 진짜 좋아하는 일은 취미로 남겨두는 게 현명하다. 그게 직업이 되면 열정을 잃게 되니까. 게다가 사람들은 자기 열정이 뭔지 모를 때가 많다. '열정을 좇으라'는 가벼운 조언 대신, 당신에게 맞는 게임을 찾으라. 어떻게 하면 되는지 이해가 되어, 계속 견디면 결국 이길 거라는 확신이 드는 게임을 찾으라. 계속 더 잘하고 싶고, 눈이 오나 비가 오나 몇 시간이고 계속할 수 있는 게임을 찾으라. 그러면 원하는 것을 얻을 것이다. 어떤 날은 이기고 어떤 날은 지겠지만, 이 모두가 게임의 일부다. 떠안으라.

Build a castle within you

Be a person of substance, then the riches will gravitate towards you. Most lack substance. They have not honed their skills. There is no concept of craft in Korean culture yet. Hard working is a good starter. It's what you do when you are just beginning. The next leap takes thinking smart. If you think about what will get you competitive advantages over others, it'd be your unique craft and personality. Keep building substance within you. No one can take it from you. The only way they can use it is by trading. People will come and pay you for what you have built inside you.

내 안의 성을 지으라

알맹이가 꽉 찬 사람이 돼라. 당신이 품은 기본 가치가 중력이 되어 부가 당신에게 끌어당겨질 것이다. 대부분은 자기만의 기술을 갈고닦지 않아 내용물이 없다. 장인정신을 갖고 계속 정제해 나간다는 개념이 아직 한국 문화에는 없다. 열심히 하는 건 좋은 시작이다. 열심은 막 시작했을 때 하는 것이다. 다음 도약에 필요한 것은 현명하게 생각하는 것이다. 무엇이 당신에게 다른 사람들에 대항할 경쟁력을 줄지를 생각해 보면, 그건 아마 당신만의 특별한 기술과 인간성일 것이다. 내 안의 알맹이를 키워나가자. 그 누구도 이를 앗아갈 수 없다. 다른 사람이 이를 쓸 방법은 가치의 교환밖에 없다. 내 안에 지은 성을 보기 위해 사람들이 몰려들어 돈을 줄 것이다.

The gravitational pull of content

A building owner without any imagination of what to do with their space lacks the ability to raise value. What raises the value of your building is the content it provides. As you make people come to your building, the value of your building will rise. This is how you become wealthier than you ever could through labour. Take these steps: 1. Be very good at your job. 2. Own the property. 3. Stick around for decades. And live below your means, you will be wealthy. Never fall into complacency. The illusion of knowledge and success can make you poor again. People pay for content. We pay our time and money for content. We go to a place to experience what it has to offer. We buy a thing to experience what it has to offer. Reverse-engineer it to your work.

콘텐트의 중력

건물주라도 자기 공간으로 뭘 할지 상상력이 없으면 건물의 가치를 높일 수 없다. 건물의 가치를 높이는 것은 그 건물이 제공하는 콘텐트다. 사람들이 내 건물로 오게 만들면 건물의 가치가 올라간다. 이것이 노동으로는 상상도 할 수 없는 부를 이루는 방법이다. 이 차례대로 해보라: 1. 내 일을 아주 잘하기. 2. 자산(주식/부동산/지적 재산권 등)을 소유하기. 3. 몇십 년간 계속 시장에 존재하기. 그러면서 버는 것보다 덜 쓰면 부자가 된다. 자기만족에 빠지지 않도록 스스로를 절제하라. 안다는 착각과 이제 되었다는 착각이 당신을 다시 가난하게 만들 수 있다. 사람들은 콘텐트를 산다. 우리는 콘텐트를 위해 시간과 돈을 쓴다. 우린 어떤 공간이 주는 경험을 위해 그곳에 시간과 돈을 들여서 간다. 우린 어떤 물건이 주는 경험을 위해 그걸 산다. 이를 소비자의 입장에서 당신의 일에 적용하라.

Economy in a nutshell

Economy is about lack. People pay for what they lack. When everyone is self-sufficient, there is no economy. This is why it's foolish and greedy to chase money itself. Money is a tool. It's a means of trading values. Provide a value which benefits the people, and you have no worries on making a living. Provide a value better than anyone else, and you have no worries on money. Therefore, focus on doing your job better. Focus on how you can improve it. Some desires are stronger than others, thus more valuable. When there is more demand than supply, the price rises as your wealth.

1분 만에 배우는 경제

경제는 부족에 대한 것이다. 사람들은 자기가 부족한 것을 사기 위해 돈을 낸다. 모든 사람이 자급자족한다면 경제는 없을 것이다. 이것이 돈만을 좇는 게 어리석고 탐욕적인 이유다. 돈은 도구다. 가치를 교환하기 위한 수단이다. 당신이 제공하는 것으로 사람들이 이득을 얻게 만들면 생활을 꾸려나갈 고민이 사라질 것이다. 그 가치를 다른 누구보다도 더 잘 제공하면 돈 걱정이 사라질 것이다. 그러므로 당신의 일을 더 잘하는 데 집중하라. 어떻게 더 낫게 만들지에 집중하라. 어떤 욕구는 다른 욕구보다 더 강하고, 그래서 더 가치가 높다. 공급보다 수요가 더 많으면, 가격이 오르고 당신의 부도 함께 오른다.

Soldier on

Soldier on. Decide on a goal and soldier on. Success is nothing but something you can get as you keep working towards it until you make it. Failures are great. You learn a lesson. The faster you fail, the better you get. The more you fail, the more you learn. Success is a result of a savvy mind. Just soldier on. Even if you fail the big time, it's not the end of the world. You decide when it's the end. The world may just exist in our minds. It's not real per se unless your mind decides it to be real. Don't call it a setback. Call it a moment before a quantum leap. You will love the signs of bad luck, because something great happens afterwards, every time.

버티고 나아가라

버티고 나아가라. 목표를 하나 결정하고 그를 위해 전진하라. 성공은 별다른 게 아니라 이룰 때까지 계속 시도하여 얻을 수 있는 것이다. 실패는 훌륭하다. 배울 수 있으니까. 빨리 실패할수록 좋다. 많이 실패할수록 더 많이 배운다. 성공은 배운 머리의 결과다. 그냥 계속 나아가라. 크게 실패하더라도 그게 인생의 끝은 아니다. 끝을 결정하는 건 당신 자신이다. 세상은 그저 우리 머릿속에 존재하는 허상일지도 모른다. 내가 진짜라고 결정하지 않는 한, 현실은 그 자체로 진짜가 아니다. 고난이라고 여기지 말라. 크게 성장하기 직전의 순간이라고 여기라. 불행의 징조를 좋아하게 될 것이다. 왜냐하면 위대한 일은 항상 그다음에 일어나니까.

Customer first

Obsess over customers, says Jeff Bezos, who started Amazon from a cheap office selling books online and made it one of the biggest online marketplaces in the world. You are doing business not to feed your ego. You are in business to satisfy the people who use your provisions. Focus on the customers. Start with your customers. Know what they want. Serve just that. Don't pay attention to your competitors, because that will only end up copying what they do and losing your differentiation. Put the people first. Satisfy them. Move them if you can by exceeding the expectations of your customers. (To do that you have to lower their expectations constantly.) You are a success in return.

사람을 1순위에 두라

사용자에게 집착하라고 제프 베조스가 말한다. 그는 값싼 사무실에서 온라인으로 책을 판매하는 사업을 시작해 세계에서 가장 큰 온라인 시장 아마존을 만들었다. 당신이 사업을 하는 이유는 당신의 자존심을 세우기 위해서가 아니다. 사업이 운영될 수 있는 이유는 당신이 제공하는 것을 이용하는 사람들이 만족하기 때문이다. 사용자에게 집중하라. 사용자의 관점에서부터 사업을 시작하라. 그들이 원하는 것을 알고, 그것을 제공하라. 경쟁자는 신경 쓰지 말라. 그들을 따라 하게 되어 차별성을 잃게 되기 때문이다. 사람을 우선순위에 두라. 그들을 만족시키라. 할 수 있다면 그들의 기대치를 뛰어넘어 감동하게 하라. (그러기 위해서는 사람들의 기대치를 계속 낮춰야 한다.) 이 결과로 성공할 것이다.

The Girl

One of the ways of seeing I've learned from fashion design is that each brand has their imaginary "girl" to design for. The universally loved band Jaurim defines the voice of their songs to belong to someone with a storm in their heart. A successful business begins with a well-defined niche market. They know their customers and serve exactly what they want. Each of us has our own criteria when we make purchase decisions. Some may find us attractive, while others unattractive. Brands as well. Coming from a humble upbringing, Howard Schultz wanted to do something good for the world. And yet some judge him evil. When bright Steve Jobs talks about the truth of the world, some disagree with him. You can't please everyone. Such is Nature. pick your girl.

누구를 기쁘게 할 것인가

패션디자인에서 배운 지혜 중 하나는 모든 브랜드에는 저마다의 "the girl"을 설정해 두고 상상 속의 그녀를 위해 옷을 디자인하는 것이다. 세대를 아우르며 감동을 주는 자우림은 노래를 부르는 화자가 성별도 연령도 정확하지 않지만, 마음속에 폭풍이 일고 있는 어떤 사람이라고 생각한다고 김윤아가 말했다. 성공적인 사업은 특정한 틈새 수요(niche market)를 정확히 알고 그 사람들이 원하는 것을 정확히 제공하면서부터 시작하여 성장한다. 사람들은 저마다 다른 판단 기준으로 구매 결정을 내린다. 그러므로 '나'는 어떤 사람에겐 별로지만 어떤 사람에겐 좋다. 브랜드도 같은 원리다. 세상을 더 나은 곳으로 만들려는 선한 의도로 스타벅스를 키운 하워드 슐츠를 비난하는 사람도 있다. 스티브 잡스가 비상한 머리를 가진 사람으로서 세상의 진리를 말해도 그를 아니꼽게 보는 사람이 있다. 모든 인간을 만족시킬 수는 없다. 이것 또한 자연이다. 당신의 클라이언트를 정하라.

The bigger the obstacles, the better

The more obstacles you have to climb, the greater the treasures you will gain. The harder it is to duplicate your products, the better you are at the competition. The vast majority of people stop when they come across a hurdle. It's the prancing horse who arrives somewhere no one else can experience. Life is blessed with possibilities. There are so much richer lives out there you can delight in. Why wouldn't you luxuriate in an abundance of choices? Climbing barriers gives you a view that you couldn't otherwise have. Don't be put off by some hurdles. Climb it!

장벽이 높을수록 좋다

더 많은 장애물을 넘어야 할수록, 더 많은 보물을 얻을 것이다. 당신의 제품이 따라 만들기 어려울수록, 경쟁에서 더 유리하다. 대다수의 사람은 장애물을 마주하면 멈춘다. 아무도 경험해 보지 못한 곳에 다다르는 자는 뛰어오르는 말이다. 삶에는 끝없는 가능성이 있다. 기쁨을 누릴 수 있는 더 풍부한 삶이 저 너머에 있다. 왜 선택의 풍족에 흠뻑 빠지지 않는가? 장벽을 넘으면 그러지 않고서는 볼 수 없었던 시야를 갖게 된다. 난제 몇 개에 의욕을 저버리지 말라. 그냥 뛰어넘으면 된다.

Courage to be alone

An idiom in English explains it well: I can't hear myself think. This is what you say when it's too noisy around you. When you hang out with people all the time, you have no time to think deeply about anything as to understand the truth. Solitude cultivates insight. Being alone is one of the most unpleasant feelings that social beings like us feel. Solitude takes courage. Likewise, it takes courage to learn the mentalities of other cultures. It costs courage to think differently, and expand your perceptions. It costs courage to earn insight. The poor travel for sight-seeing. The rich travel to see how other people around the world deal with things and life. Building lasting wealth takes intelligence, which is developed through thinking alone.

혼자 있을 용기

"너무 시끄러워서 생각할 수가 없잖아"라는 영어 표현이 이를 잘 설명한다. 사람들과 항상 함께 시간을 보내면 깊이 생각해 진리를 이해할 시간이 없어진다. 혼자 있기를 선택하는 태도는 통찰력을 기른다. 사람들과 함께 살아야만 하는 사회적 존재인 인간으로서 혼자 있는 것은 불쾌한 느낌 중 하나다. 혼자 있기를 선택하는 일은 용기가 필요하다. 마찬가지로 다른 문화의 사람들의 다른 사고방식을 배우는 일도 용기가 필요하다. 다르게 생각하는 법을 배워 사고를 확장하는 데엔 용기라는 비용이 든다. 통찰력을 얻는 비용은 용기다. 겉모습을 구경하러 여행하는 사람들은 빈자다. 부자는 다른 문화의 사람들은 어떻게 삶의 문제에 접근하고 해결하는지 들여다보기 위해 여행한다. 오래가는 부를 쌓고 지키는 것은 지성이다. 이 지성은 혼자 생각함으로 기른다.

Hardships make you stronger

A boy was born into a wealthy family of landowners. His parents married when they were premature not through an organic channel, but by their parents' setup. His father does nothing and sits around in their home all day. His mother is insecure, depressed, and constantly unhappy. Even though they don't worry about making a living, there is endless yelling and frustrations in their family. The boy is bright, but complains about everything. He was flooded with expensive private tutoring, but took it for granted. He has high expectations and low resilience. Yet he was lucky to meet a mentor who told him that to achieve freedom, resilience counts. The mentor gave the boy four words: hardships make you stronger. Mentor taught the boy the stoic mentality. Depending on how you view your circumstances, your thoughts can decide it positive or negative. Before any growth, you have to accept who you are and the current situation. Work around it. Have faith in yourself that you're born for a reason. Never give in. And solve it. Find your life's work and hone your craft. In the process, you will earn both contentment and freedom. Every single self-made rich person perseveres. Pain that doesn't kill you only makes you stronger. The strong can get hold of a great life. Move on. Don't waste time feeling sorry for yourself. Do what you can do, and have control over. Such work gives you infinite energy.

시련은 나를 더 강하게 한다

한 소년이 건물주 집안에 태어났다. 소년의 부모는 미성숙할 때 자연적인 방법이 아니라 양가 부모의 소개로 결혼했다. 소년의 아버지는 아무 일도 안 하고 집안에 종일 있다. 소년의 어머니는 불안정하고 우울증이 심해 불행하다. 먹고살 걱정은 하지 않아도 되지만, 가정엔 짜증과 고함이 끊이지 않는다. 소년은 영특하지만, 모든 것을 불평한다. 소년은 일반적인 아이들과는 달라서 조부모도 소년을 부정한다. 소년은 비싼 개인과외를 많이 받았지만 그를 당연히 여겼다. 소년은 기대치가 높고 회복탄력성은 낮았다. 다행히도 소년은 자유를 얻기 위해서는 힘든 상황을 견뎌내고 빠르게 일어나는 능력이 중요하다고 알려주는 멘토를 만났다. 멘토는 소년에게 네 개의 단어를 주었다. "시련이 너를 강하게 한다" 멘토는 스토아 생각법을 알려주었다. 당신이 처한 상황을 어떤 관점에서 보느냐에 따라서 긍정이 될 수도 있고 부정이 될 수도 있다. 성장이 일어나기 전에 먼저 당신이 어떤 사람인지와 지금 처한 상황을 인정해야 한다. 그 상황에서 할 수 있는 일을 찾아서 하라. 당신이 태어난 목적이 있다는 신념을 절대 사수하라. 좌절은 금지다. 문제를 해결하라. 인생의 업을 찾아 그를 위해 능력을 갈고닦으라. 그 과정에서 평온과 자유를 얻을 것이다. 스스로 부자가 된 모든 사람은 시련을 극복한다. 당신을 죽이지 않는 고통은 당신을 더 강하게 한다. 강한 사람이 위대한 삶을 누릴 자격이 있다. 잊고 넘어가라. 자신의 처지를 탓하는 데 시간을 낭비하지 말라. 당신이 할 수 있는 일, 그 일의 결과는 당신이 하기 나름인 일을 하라. 그런 일이 무한한 에너지를 준다.

Be worthy of your existence

The moral of the previous story: if you get lots of money for nothing, Nature will curse you with tremendous unhappiness. You see, marrying for money is what idiots do. As you go down the road, you will realise that there is nothing free in life. You would rather want to go back in time and learn a skill so that you can make a living yourself. You must deserve your wealth. You must do your service for other people. You must do something good for other people. This gives you contentment, which is the necessary state of mind to grow wealth. The simple Law of Wealth: the greater value you create for other people, the wealthier you become.

존재의 가치를 입증하라

이전 이야기의 교훈은 이것이다. 아무것도 하지 않고 큰돈을 받으면 자연이 엄청난 불행으로 저주한다. 돈을 보고 결혼하는 건 미련한 선택이다. 그렇게 살아보면 인생에 공짜는 없다는 진리를 깨닫는다. 차라리 과거로 돌아가 기술을 하나 익혀 직접 생활비를 벌고 싶을 것이다. 부를 지닐 자격을 지니라. 세상을 위한 당신의 임무를 수행하라. 사람들에게 도움이 될 좋은 일을 하라. 부를 생성하고 축적하기 위해서는 차분한 심리상태가 필요한데, 보람과 존중 그리고 인정을 받는 일을 하면 그 상태에 이르게 된다. 부의 법칙은 단순하다. 타인을 위해 더 높은 가치를 만들어 내면 더 큰 부자가 된다.

Progress over perfection

There are two types of people who never end up rich. One is the timid. These people never try. They use all their time waiting around to be ready. The truth is, nobody is ready. Human beings can never be perfect. You just have to get started with a bold action and learn on the go. The other is perfectionists. Nothing men do is perfect and nothing can be. You can't avoid some misjudgements and mismanagements. Make mistakes fast. The secret to success is not quitting. Value progress over perfection. Get a little bit better than yesterday. Continue learning and developing over the course of decades. You will see all your competitors fall out because they quit. Stay in business as long as you can. If this work is a journey that you can enjoy, some setbacks and mistakes won't stop you. Make progress, and focus on making progress.

부자가 안 되는 두 부류의 사람들

부자가 안 되는 두 부류의 사람들이 있다. 하나는 소심이다. 이들은 시도조차 하지 않는다. 준비될 때까지 기다리느라 인생의 시간을 다 써버린다. 진리: 그 누구도 준비되지 않았다. 인간은 결코 완벽할 수 없는 존재다. 우리는 일단 과감하게 시작한 다음 하면서 배워나가야 한다. 두 번째 부류는 완벽주의자다. 인간이 만든 그 어떤 것도 완벽할 수 없고 완벽하지 않다. 판단 오류와 실수는 불가피하다. 실수는 빠르게 하라. 성공의 비결은 중도에 관두지 않는 것이다. 완벽보다 진전을 중시하라. 어제보다 조금 더 나아지라. 수십 년에 걸쳐 더 나아지라. 경쟁자들이 하다가 관둬서 사라지는 것을 목격할 것이다. 될 때까지 계속 사람들에게 필요한 존재가 돼라. 이 과정을 즐길 수 있는 일을 하고 있다면 실패와 실수쯤은 당신의 성공을 막을 수 없다. 해야 할 일을 하여 작업에 진전을 내고, 이 진전을 내는 일에 집중하라.

Everything has a price

Some income costs physical presence, labour and time. Some fortunes cost information and calculated risk. Some are more time-consuming than others. Some cost special skills that need natural talents or a long training. Some cost dealing with unpredictability. Some cost your constant attention and devotion. Everything has a price, and the price tags can be just not obviously visible. Even if you marry a rich person, there will be responsibilities you will have to serve. There are a lot of wealthy spouses who would rather take autonomy over vanity. You don't want to know what they have to pay for it. The best way to wealth is to find your life's work and put your lifetime for it. See the invisible price tag and decide which wealth is for you.

모든 것엔 가격이 있다

어떤 수입의 가격은 직접 가서 노동과 시간을 주는 것이다. 어떤 큰돈의 가격은 정보와 계산된 리스크다. 어떤 일은 다른 일보다 더 많은 시간을 소모한다. 어떤 일은 타고난 재능이나 오랜 훈련을 통한 특별한 기술이 가격이다. 어떤 소득은 불확실성을 인내하는 게 가격이다. 어떤 수입은 당신의 24시간 관심과 헌신이 필요하다. 모든 부에는 가격이 있다. 그 가격표가 뻔히 보이지 않을 뿐이다. 부자와 결혼하더라도 당신이 짊어져야 하는 책임이 있을 것이다. 남들에게 잘사는 것처럼 보이는 것보다 차라리 마음대로 살 수 있는 자유를 갈망하는 부유한 배우자도 아주 많다. 이들이 어떤 끔찍한 가격을 지불해야 하는지는 말을 아끼겠다. 부자가 되는 가장 좋은 방법은 당신의 업을 찾아 생의 시간을 그 업을 위해 들이는 것이다. 보이지 않는 가격표를 알아보고 당신에게 맞는 부를 선택하라.

You can't get rich doing what everyone else does

Differentiate yourself from the crowd. When Warren Buffett got famous, everyone tried to be like little Ben Graham, his mentor. But what worked for Ben was the best thing in that period of the Great Depression, and not now. Everyone was looking for the same kind of businesses and it got competitive. So Warren's partner Charlie Munger suggested buying great businesses at fair prices. It clearly worked for Berkshire Hathaway. We in this new age have to find a new thing. It's stupid to buy what is on hype. If you buy something because everyone else does, you are not thinking. And thoughts bring wealth. The rich are on the other side of the queue. "The standard human condition is ignorance and stupidity," Charlie Munger said. This is true for investing as well. Buying an overheated and overvalued asset is sure for a loss. Instead of following what everyone else does, knowing what makes you happy and your competitive advantages is far more valuable to live your life well, in other words, live wealthy. If you make the same choices as everyone else does, and do things like everyone else does, you won't get rich. You are different. You just have to know yourself, and that you are different from everyone else. Likewise, your business has to differentiate. If your product is like everything else, people have no reason to pick yours specifically. The way that worked for them won't work for you. New rich will come in a different form. Being a provider of a final product has more value than being a provider of parts. You don't have to be the first to come to the market, but you really have to know what people want. You don't have to have the longest career, but you have to be good at your job. "It is not the length of life, but the depth," Emerson said. To create something that brings you lasting wealth, your business has to be original. People have no defence against novelties, whether it's a virus or a product. As Peter Lynch pointed out, investing is more art than math. Understand human emotions and control your own. Act accordingly.

다른 사람들이 다 하는 일로는 부자가 될 수 없다

사람들이 다 따라 하는 것과는 다른 길을 가야 한다. 워런 버핏이 유명해졌을 때 사람들은 그의 멘토인 벤자민 그레이엄처럼 되고 싶어 했다. 그런데 벤자민에게 효과적이었던 방법은 1930년대 대공황 때 최고의 방법이었고, 지금은 아니다. 모두가 똑같은 종류의 기업을 찾아 나섰고 경쟁이 심해져 그런 기업을 찾기 어려워졌다. 그래서 워런의 파트너 찰리 멍거가 훌륭한 기업을 합당한 가격에 사길 제안했다. 이것이 버크셔 헤서웨이를 세계에서 가장 가치 있는 기업 중 하나로 만들었다. 새로운 시대에 있는 우리는 새로운 것을 찾아야 한다. 화젯거리인 것을 사는 건 현명하지 못하다. 다른 사람들이 다 사기 때문에 사는 건 생각의 결과가 아니기 때문이다. 생각이 부를 낳는다. 무엇을 사기 위한 줄의 반대편에 부자가 서 있다. "인간의 기본 조건은 무지와 멍청함"이라고 찰리 멍거가 말했다. 이는 투자에도 적용된다. 과열되고 고평가된 자산을 사는 건 잃는 길이다. 모두가 하는 걸 따라 하지 말고, 당신을 진정 행복하게 하는 것이 무엇인지와 당신만의 경쟁력이 무엇인지를 아는 것이 더 나은 삶, 다른 말로 부자가 되기 위해 훨씬 가치 있는 선택이다. 남들과 똑같은 선택을 하고 똑같이 행동한다면 부자가 되지 못할 것이다. 당신은 남다른 존재다. 당신 자신을 알고, 당신은 다른 사람들과는 다르다는 사실 또한 알아야 한다. 마찬가지로 사업도 다르게 해야 한다. 당신의 제품이 경쟁사와 똑같다면 사람들은 당신의 제품을 특정해 고를 이유가 없다. 다른 사람이 성공하게 된 방법이 당신에겐 적용되지 않을 것이다. 새로운 부는 새로운 형태로 탄생한다. 부품을 판매하는 것보다 완성품을 판매하는 일에 더 큰 가치가 있다. 시장에서 최초가 될 필요는 없지만, 사람들이 원하는 것이 무엇인지는 확실히 알아야 한다. 오랫동안 일을 했을 필요는 없지만, 일을 잘해야 한다. "인생은 길이가 아니라 깊이다"라고 에머슨이 말했다. 계속 당신을 부자로 만들 무언가를 만들려면, 당신의 사업이 원조여야 한다. 제품이든 바이러스든, 사람들은 너무나 새로운 것들에 방어기제가 없다. 피터 린치가 짚었듯, 투자는 수학보다는 사람에 대한 이해와 직감이다. 인간의 감정을 이해하고 당신의 감정을 통제하라. 이 이해를 토대로, 이성적으로 행동하라.

Calibrate your expectations to zero

There's an interesting energy at work in this world. If you expect something to be a success, you almost always get a failure. Not just for a project, but also for a life. There is no worse start than starting from the top. So there is an equal chance of success to everyone because the next wealthy person will rise from poverty. Desperate mind will do anything that it takes to get what they really want. You will thank the market economy and the availability of information for it. In South Korea, we all get an equal chance. If you don't make yourself rich, it's your fault. There's no one to blame. The older generation did their best job to get us out of extreme poverty. The remaining refinements are our job. Even if your parents are ignorant, you have access to the libraries, bookstores, and the Internet. When you have nothing to lose, you have everything to gain. The lower the expectations, the better your life gets. This is true for your relationships too.

기대치를 0으로 조정하라

이 세상엔 신기한 기운이 있다. 무언가가 성공할 것이라고 기대하면 거의 항상 실패한다. 프로젝트뿐만이 아니라, 인생도 그렇다. 부잣집에서 시작하는 것보다 나쁜 시작도 없다. 고로 모든 이가 부자가 될 수 있는 기회의 평등이 있다. 다음 부자는 가난 속에서 탄생할 것이기 때문이다. 사람이 절실하면 무슨 일을 해서든 원하는 것을 얻으려 한다. 시장 경제와 정보를 누구나 얻을 수 있음을 잘 이용하면 이 덕에 부자가 될 수 있다. 한국에서 우리에게는 평등한 기회가 있다. 당신이 부자가 안 되면 그것은 당신의 잘못이다. 탓할 대상은 당신뿐이다. 기성세대도 한국이 극빈국에서 벗어나도록 최선의 일을 다했다. 남은 보완 작업은 우리가 할 일이다. 당신의 부모가 무지하더라도 도서관과 서점, 인터넷을 이용하면 된다. 잃을 게 없는 자에게는 모든 게 얻을 수 있는 것이다. 기대치가 낮을수록 삶의 질이 높아진다. 인간관계에서도 마찬가지인 것처럼.

Get rich like seducing the Prince

Treat money like a prince. Showing too much enthusiasm upfront will scare him away. You don't want to talk to him first. You will have to make yourself deserve his attention so that he wants to come to you. Prince has already seen all the goodies in the world. Trying to impress him will be a shame on you. You are to behave humbly and respectfully, and yet confident of your worth. You offer him a promise for pleasure and satisfaction. The prince has only so much time and attention to spare. You want to make sure that you have integrity, so you don't harm his impeccable reputation. You have to be the best in your trade, so you satisfy his fine taste. Find your original ways to win his heart, and you shall deserve the rewards and awards.

유혹하듯 부자가 돼라

왕자를 대하듯 돈을 대하라. 초반에 너무 큰 관심을 보이면 그를 영영 잃을 것이다. 당신이 먼저 말을 걸어선 안 된다. 그의 관심을 받을 자격을 갖추면 그가 먼저 다가올 것이다. 왕자는 이미 세상의 모든 좋은 것들을 다 경험했다. 그런 그에게 잘난 척을 하는 건 부끄러운 일이다. 겸허하게 그리고 예우를 다하여 행동하되, 당신의 가치에 있어선 자신 있어야 한다. 그리고 당신이 만족과 즐거움을 줄 수 있을 것이라 확신을 주어야 한다. 왕자는 쓸 시간과 에너지가 많지 않다. 고로 당신이 도덕적인 사람이어야 왕자의 완벽한 명성에 해를 끼치지 않을 것이다. 당신의 업에서 최고여야 왕자의 훌륭한 안목을 충족시킬 수 있다. 그의 마음을 사로잡을 독창적인 방법을 찾으라. 그러면 보상과 명예를 받을 자격을 지닐 것이다.

Three worst immoralities

Three worst immoralities are ignorance, incompetence, and inaction. Ignorant men are oblivious to what effect they cause with their actions, when it comes to our greater home and community. Uneducated men are ignorant of the very fact that integrity is the foundation of all success. They put profits over integrity, and end up poor. Reputation is everything for lasting success. Know that the world is reasonable. Incompetency makes the world a worse place. Many Korean English teachers who don't speak English give their students wrong guidance and information. So we make irrevocable mistakes when we go abroad or talk with foreigners. We lose friends and jobs as a consequence. Inactivity puts the clock backward for humanity by doing nothing but generating waste. When you carry these worst immoralities, wealth will not favour you. To attract wealth, first start from having integrity. Your outlooks shall equal your inner intentions. Upon a strong foundation can a grand tree grow towards the sky. Learn, grow and make fruits. Do something useful for fellow human beings. And wealth will adore you.

최악의 악행 세 가지

최악의 악행 세 가지는 무지, 무능, 그리고 무위다. 무지한 자는 그의 행동이 우리 모두의 집인 지구와 사회에 미치는 여파에 무지하다. 못 배운 사람은 모든 성공의 기초가 정직이라는 사실에 무지하다. 정직보다 돈을 좇아 결국 가난해진다. 지속되는 성공에 명성이 전부다. 세상은 합리적임을 알라. 무능은 세상을 안 좋게 만든다. 영어를 할 줄 모르는 많은 한국인 영어 선생들이 학생에게 잘못된 정보와 학습법을 알려준다. 때문에 우리가 외국에 가거나 외국인과 대화를 나누면 돌이킬 수 없는 실수를 한다. 그로 인해 친구와 일을 잃는다. 무위는 아무 일도 안 하고 쓰레기만 만들며 인류를 후퇴시킨다. 이 최악의 악행 세 가지를 지니고 있다면 부는 당신을 따르지 않을 것이다. 부가 당신에게 끌려오게 하기 위해서는 우선 정직하라. 겉으로 보이는 모습과 내면의 의도를 같게 하라. 단단한 토양 위에 심어져야 웅장한 나무가 되어 하늘로 뻗어나갈 수 있다. 배우고 성장해 과일을 맺으라. 동시대를 함께 살아가는 사람들을 위해 유용한 일을 하라. 그러면 부가 당신을 사랑할 것이다.

Oblivious : 자기 주변에 일어나고 있는 일들을 인지하지 못하는

A balancing act of pessimism and optimism

It's better to keep the worst scenarios in mind while remaining optimistic, says Bernard Arnaut. Pessimism is a negative outlook on life. Optimism expects positive outcomes. Both are biased. Realism assesses objectively. One common attitude among the old rich is their peculiar attitude towards things. They have seen the finest, experienced the best, been able to afford anything with high price tags. They have an air of pessimism. Nothing really delights them. Three kinds of cure for this is to take manageable risks and make changes, to stay simple(know what you love and get rid of everything else), and to find your purpose and serve it. This will restore optimism and reenergise the mind to live a happy life. The poor also have pessimism in a different form. They often perceive there is a glass roof that blocks them from going higher. This exists only in their mind. There is one cure for this: education. Their perceived glass ceiling is in fact their ignorance. When you broaden your perspectives and see more possibilities from a situation, you know you can make your life better. The nouveau riche tend to be optimistic and overly confident about their newly acquired wealth, in which such attitude leads them to lose it. The last thing you want to do when it comes to wealth and your entrepreneurial adventures is wishful thinking. You need both pessimism and optimism. Pessimism keeps you grounded; optimism keeps you going forward. You want to be content with what you have and believe in that things will all work out okay in the end, and to do so you want to remain careful and humble.

낙관과 비관의 균형

잘될 거라고 자신감과 희망을 품는 한편, 안 됐을 때 최악의 경우를 염두에 두는 게 좋다고 베르나르 아르노가 말한다. 비관주의는 인생을 고통으로 보는 관점이다. 낙관주의는 좋은 결과를 기대하는 관점이다. 둘 다 한쪽에 치우친 관점이다. 사실주의는 상황을 객관적으로 판단한다. 부자들은 물건에 있어 특이한 태도가 있다. 부자들은 최고급을 보았고, 경험했으며, 얼마나 비싸든 다 살 수 있다. 그래선지 약간 비관적인 분위기를 풍긴다. 그들을 감동하게 하는 것은 그다지 없다. 이에는 세 가지 약이 있다. 1. 통제할 수 있는 리스크를 삶에 들이고 변화를 주라. 2. 생활을 단순하게 해보라(당신이 진짜 좋아하는 것을 알고 나머지는 없애라). 3. 삶의 목적을 찾아 그 일을 하라. 이 세 가지 치료를 해보면 마음에 활력과 낙관을 주어 삶이 행복해질 수 있다. 빈자는 조금 다른 형태로 비관적이다. 일부는 세상에 보이지 않는 벽이 있어 그들의 성공을 막는다고 생각한다. 사실은 그렇지 않다. 이를 치료하는 덴 하나의 약이 있다. 배움. 그들의 두려움과 비관주의는 사실 그들의 무지다. 배움을 통해 사고를 확장하여 하나의 현상에서도 더 많은 가능성을 볼 줄 아는 눈을 만들면 어떻게 인생을 더 낫게 만들 수 있을지도 알게 된다. 졸부는 낙관적이고 자신의 성공에 대해 자신감이 지나친 경향이 있는데, 이 태도가 그들을 다시 원래 있던 곳으로 돌려보낸다. 부와 사업에 있어 가장 하지 말아야 할 행동은 제대로 알아보고 준비하지 않고 근거 없이 낙관적인 자세다. 비관과 낙관은 둘 다 갖춰야 한다. 비관은 혹시 모를 사태를 대비하게 하고, 낙관은 계속 앞으로 나아가게 한다. 지금까지 이룬 것과 내가 지닌 능력과 상황에 감사하며 이 모든 게 결국 잘될 거라는 신념을 가져야 한다. 그러기 위해서는 신중함과 겸허함을 항상 지녀야 한다.

Protect your reputation at all cost

The key element to wealth is your relationships with people. People are the source of wealth. Building and maintaining reputation is therefore of vital importance. Gather people, and you get rich. People love you for what you do or who you are, and you get rich. People use the product or service you provide, and you are made rich. It's wrong to see people as money though. You have to have a great work ethic. If you lack integrity, whatever success won't last very long. People hate ill-intentioned people. People love good causes. Pick a cause you can pour your heart and soul into. Work to develop your product. Let people know about your product. Voila, you are a great success overnight. (It takes time.)

명성을 절대 사수하라

부의 핵심 요소는 사람이다. 부의 원천은 사람이다. 명성을 쌓고 유지하는 일이 부자가 되기 위해 가장 중요한 일이다. 사람을 모으면 돈이 모인다. 사람들이 내가 하는 일이나 나 자체에 열정을 느끼면 돈이 모인다. 사람들이 내가 제공하는 재화를 사용하면, 돈이 모인다. 그러나 사람을 돈으로 보는 건 잘못이다. 사람들과 가치를 교환하는 과정에 필요한 모든 요소를 다 갖추어야 한다. 정직과 진정성이 없으면 그 어떤 성공도 오래가지 못한다. 사람들은 부정한 사람을 싫어한다. 사람들은 좋은 뜻에 열정을 보인다. 전심을 다할 뜻을 하나 고르라. 그것을 개발하기 위해 일하라. 사람들에게 이런 게 있다는 것을 알리라. 뚜둔! 그러면 하루아침에 성공한 사람이 된다. (시간이 걸리는 작업인데 외부인에게는 그렇게 보인다.)

Construct your unfair advantage

Unfair advantage is an enduring competitive advantage which others cannot copy. Only you have this advantage. So it's called unfair. Here comes the craft. Great things don't come cheap. If anyone can copy what you've made, you won't get wealthy. A prominent giant must think obsessively about the problem in which he is providing a solution for. Every great feat takes time to be crafted. You must hone your craft. Focus intensifies and shortens your time taken. Think so deeply about it that your family and friends think you are crazy about it. And you don't care about how they judge you, because what matters is the end result. The magic of lasting wealth is at the cross section of a great product in demand and its irreplaceability. This can be constructed if you just don't give up until you find the secret sauce. Your product or business will be the single best option when it comes to that problem.

불공평한 강점을 만들라

불공평한 강점이란 다른 사람들이 베낄 수 없는 경쟁력이다. 나만이 가질 수 있는 이점이다. 그래서 불공평이라고 부른다. 업을 예로 들자. 훌륭한 것은 쉽게 얻을 수 없다. 당신이 만든 것을 아무나 따라 할 수 있으면 그걸로 부자가 되진 못할 것이다. 거물이 되고자 한다면 내가 해결하려는 문제에 대해 강박적으로 생각해 봐야만 한다. 모든 위대한 성취는 시간을 들여 만들어야 한다. 그를 위한 내 기술을 갈고닦아야 한다. 당신만의 강점을 만드는 데 걸리는 시간을 몰입이 줄여준다. 너무나 몰입해 생각하는 나머지 가족과 친구들이 당신이 그것에 빠졌다고 할 정도여야 한다. 그럼에도 다른 사람들의 판단은 신경 쓰지 않아야 한다. 진짜 중요한 것은 당신이 이루는 결과니까. 지속되는 부의 마법은 사람들이 원하는 훌륭한 제품과 그것의 대체 불가성이다. 당신만의 마법을 발견할 때까지 포기하지 않으면 찾을 수 있다. 그 문제를 해결해 주는 해결책에 있어 당신의 것이 유일한 선택지가 되면 당신은 부자가 될 수 있다.

Definition of money

Money is means. It solves problems. Money is good, when it comes to solving basic needs. You can get good food with good money. You can pay someone to do the chores and other things for you. You can just do what you want to do with good money. But there is a cap for each of us to solve our basic needs. You don't need any more money from a certain point. It's the dumbest thing to chase money as a goal. Money by nature is a tool, which can never be a goal. Money is bad, when it comes to fulfilling your purpose in life. Money can stop you from thinking, growing, and working on things that matter in life, such as becoming a better person, instead of being an arrogant snob. Money can eliminate stress for a brief moment, but it cannot make you happy. You need to know when to use money and when not to. Mature mind is one that can balance between two opposing aspects of money, and who clearly knows the nature of it.

돈의 정의

돈은 도구다. 문제를 해결한다. 돈은 좋다, 기본적인 필요를 해결할 때는. 풍족한 돈으로 좋은 음식을 사 먹을 수 있다. 사람을 고용해 허드렛일을 맡길 수도 있다. 하고 싶은 일만 할 수도 있다. 그러나 생활에 필요한 돈에는 상한선이 있다. 일정 금액 이상부터는 필요가 없다. 돈을 목표로 좇는 일은 가장 멍청한 일이다. 돈의 본질은 도구이고, 결코 목표가 될 수 없기 때문이다. 돈은 나쁘다, 소명을 충족하는 데 있어서는. 돈은 생각하기를 멈추게 하고, 성장하기를 멈추게 하며, 인생에 중요한 일을 멈추게 할 수 있다. 그것은 오만한 속물이 되지 않고 더 나은 사람이 되고자 애쓰는 일이다. 돈은 스트레스를 잠시 없애줄 수 있지만, 나를 행복하게 해줄 수는 없다. 돈을 쓸 때와 안 쓸 때를 알아야 한다. 돈의 본질과 양면성을 알고 조화롭게 다룰 수 있는 정신이 성숙하다.

Diversification matters

Sergey Brin came up with a concept called 70-20-10. 70% of the resources should be allocated on the core business, 20% on adjacent business, and 10% on unrelated business. This 10% allows some of the growth work. Another rule of the game called life is unpredictability. Dealing with it is allocating most of your resources on doing your job better, some on staying open to changes, and the rest on diversification. The most intelligent and wisest investors succeed 4 out of 20 at best. Mere mortals can never be sure of what the future of things is going to be. We just can't perceive the 4th dimension. You may think something to be the best idea now, but it may turn out to be your worst decision. The wealthy must always manage unpredictability in life and work. Diversification cushions it. Even if you fall, you don't die. And yet, diversification is a protection against ignorance, Warren Buffett said. If you can analyse businesses, owning three businesses are sufficient and humanly possible to understand. Owning 500 outstanding American businesses had been the safe and secure way to grow your wealth in the long term, as asserted by late John Boggle. Even this was true for the past, and no one knows if it will be in the future.

분산투자는 중요하다

구글의 세르게이 브린이 70-20-10이라는 개념을 도입했다. 자원의 70%는 핵심 사업에, 20%는 관련 사업에, 나머지 10%는 관련 없는 사업에 분배하는 경영방식이다. 이 나머지 10%가 성장의 일부를 이끈다. 인생이라 불리는 게임의 또 다른 법칙은 예측 불가성이다. 이를 대처하는 방법은 대부분의 자원을 당신의 업을 잘하는 데 쓰되 일부는 변화를 준비하는 데, 그리고 나머지는 분산하는 데 두는 것이다. 가장 뛰어난 지성과 지혜를 지닌 투자가도 신중히 투자한 20개 중에 아주 잘해야 4개를 성공한다. 미물에 불과한 인간은 앞으로 미래가 어떻게 펼쳐질지는 알 수 없다. 우린 4차원을 볼 수 없다. 무엇이 최고의 아이디어라고 지금은 생각하겠지만, 시간이 지나면 최악의 선택으로 드러날 수도 있다. 부자는 삶과 일에서 예측 불가성을 항상 다뤄야 한다. 분산이 낙하산이다. 떨어져도 죽지 않는다. 그렇지만 분산투자는 무지에 대한 방어책이라고 워런 버핏이 말했다. 사업을 분석할 수 있는 사람이라면 3개의 기업이면 충분하고 인간으로서 그 이상의 사업을 이해하는 건 어렵다. 500개의 뛰어난 미국 기업에 모두 지분을 갖는 게 장기투자에서 부를 키우는 안전하고 확실한 방법이라고 작고한 존 보글이 말했다. 이것조차도 과거엔 맞았지만, 앞으로의 시간에도 같을지는 알 수 없다.

The difference between poor and rich

The poor consume the surface of things. They are preoccupied with the exterior. The rich understand and control what lies beneath the surface. They discern and acquire the essence within. True seduction goes beyond a pretty face or a well-built body. The most spellbinding person is one who has a light in their soul. Their brilliance is not very obvious. Magnificence is in their choices, eloquence, and thoughts that later flower in your heart. Gosh, he was right. Beauty is in the eye of the beholder. Such beauty is only visible to those who deserve it. Pleasant value is redeemed only by the few who can discern such refinements. And so the natural ratio of the wealthy is retained. Great wealth is subtly understated, quietly evident, never needing to shout. Gold is concealed beneath the soil. To see it, you must train your mind.

부자와 빈자의 차이

빈자는 겉을 소비한다. 보여지는 것에 사로잡혀 있다. 부자는 그 안의 것을 이해하고 소유한다. 껍데기 속의 본질을 알아보고 얻는다. 가장 매력적인 사람은 가장 예쁜 얼굴이나 멋진 몸매를 지닌 사람이 아니다. 진정한 매력은 그 사람의 영혼에서 뿜어져 나오는 빛이다. 이런 사람의 매력은 콕 집어 설명하기 어렵다. 그의 선택들과 유려한 언어 그리고 나중에야 당신의 마음속에서 꽃 피는 사려 깊음이 그의 위대함이다. 맞아, 그가 맞았어. 아름다움은 그를 알아보는 자의 것이다. 가치는 그를 받을 자격이 있는 사람의 것이다. 흡족한 가치는 그 섬세한 우아함을 알아볼 수 있는 자가 누린다. 부자를 구성하는 자연의 비율은 이렇게 유지된다. 비범한 부는 미묘하게 드러나지 않고, "나 부자야"라고 소리 지르지 않아도 알 수 있다. 황금은 땅 아래 있는 법이다. 이를 알아보기 위해선 머리를 계발해야 한다.

Ownership counts

Ownership mentality is an essential element of the wealthy. You can't get rich by not owning anything valuable. Ownership is a way of thinking. You take the responsibility and act with the mindset of an owner. When poor minds consider shares as lottery tickets, the educated consider it as part ownership of a business. Celebrities are loved by many and that can create a value because attention is a value itself. But they often don't have any content nor own anything. They look rich and in truth they are just one of the consumers who speak the same language with the consuming masses. The real rich are those who hire the faces. Don't envy the famous, their life is not as glamorous as you think. You can make millions by becoming famous at something. But to become a billionaire, you must own the rights to the content you create. Taylor Swift owns her songs. So she is a billionaire. Oprah Winfrey owns her network. So she is a billionaire. Instagram, YouTube, and Naver control the content you worked hard to create; you make the owners richer and not you. You may be drawn to content creation for those media by the immediate profits you hear. But that's short-sightedness. Value creation is one thing, but owning it is another. The latter makes you super rich.

소유의 중요성

소유의 생각법은 부자의 필수 요소다. 가치 있는 것을 아무것도 소유하지 않고는 부자가 될 수 없다. 주인의식은 하나의 생각하는 법이다. 책임을 지고 주인답게 행동하는 것이다. 가난하게 생각하는 사람들이 주식을 복권처럼 여길 때, 배운 사람은 자신을 주주라고 여긴다. 연예인은 많은 사람들의 사랑을 받고 그로 인해 가치를 생성한다. 관심 그 자체가 가치이기 때문이다. 그렇지만 그들에겐 알맹이가 없고 소유하는 가치가 없을 때가 많다. 연예인은 부자처럼 보이지만 실상은 그저 대중의 소비자와 말이 통해 그들과 공감대를 형성할 수 있는 또 하나의 소비자다. 진짜 부자는 그 얼굴을 고용하는 사람들이다. 유명인을 부러워 말라, 속은 그렇게 화려하지 않다. 어떤 한 주제에 유명한 사람이 되어 백만장자가 될 수 있다. 그러나 억만장자가 되기 위해서는 당신이 만드는 콘텐트를 소유해야 한다. 테일러 스위프트는 그의 곡을 소유한다. 그래서 그는 억만장자다. 오프라 윈프리는 그의 네트워크를 소유한다. 그래서 그는 억만장자다. 인스타그램, 유튜브, 네이버는 당신이 힘들게 만든 콘텐트를 사용해 그들의 가치를 높인다. 당신은 열심히 일해 이 회사의 소유자를 더 부자로 만들어 준다. 당장 수익을 만들 수 있다는 말에 혹해 콘텐트 창작에 관심이 갈 것이다. 그러나 그것은 근시안적 생각이다. 가치를 만들어 내는 일과 그 가치를 소유하는 것은 별개의 일이다. 당신을 자산가로 만드는 것은 후자다.

Make their time worthwhile

There is nothing special about business. Just provide what they want. Have integrity. Own what you provide. The people will come and buy it. The value of time is paramount. All businesses come down to time. You are dealing with the time of the people. No one wants to waste their lifetime. Even the fools choose to do what gives them the most pleasure. Provide what people want or need, at the right time and right place. Be there with competence. It'd be very hard not to be rich, because people by nature cannot live by themselves. We are mutually dependent, as we are not good at everything.

사람들의 시간을 가치 있게 하라

사업은 별것 없다. 그냥 사람들이 원하는 것을 제공하라. 도덕적 기준을 세워두고 정직한 사람과 기업이 되어라. 자산을 소유하라. 사람들이 찾아와 살 것이다. 시간의 중요성은 다른 무엇보다도 위에 있다. 모든 사업이 시간으로 귀결된다. 무슨 사업을 하든 당신은 사람들의 시간을 다루는 일을 하게 된다. 그 누구도 인생의 귀한 시간을 낭비하고 싶어 하지 않는다. 미련한 사람들도 그들에게 가장 큰 쾌락을 주는 걸 찾아서 한다. 사람들이 원하거나 필요로 하는 것을 적절한 시간에 적절한 장소에서 제공하라. 잘할 능력을 갖추라. 부자가 되지 않을 수 없다. 인간은 혼자서는 살아갈 수 없는 본성을 타고났기 때문이다. 우리는 모든 것에 뛰어나진 않기 때문에 상호 의존석이다.

Competence/Competency : 어떤 일을 성공적으로 해낼 수 있는 능력

Be at the centre of time

The essence of all businesses is time. You can't win this game of life without understanding time. We buy food to energise and sustain our lifetime. We exercise to prolong our health span. We take care of our health to improve the quality of our time being. We go to a professional to save our time. We choose what content to watch in exchange for a good time. We don't pay money for a book; we pay our time for one. This is why sound judgement matters the most for the successful, because time is of vital importance. Poor minds make bad judgments, so they waste their time on bad things and bad people. Rich minds develop their judgemental skills for the purpose of enriching their time with their excellent choices. Time is of the very essence. Delighting it is wealth.

시간의 중심에 서라

모든 사업을 관통하는 하나의 본질은 시간이다. 시간을 이해하지 않고서는 인생이라는 게임에서 이길 수 없다. 우린 삶의 시간을 지탱하고 에너지를 주기 위해 음식을 산다. 우린 건강 수명을 늘리기 위해 운동한다. 살아 있는 시간의 질을 높이기 위해 건강을 챙긴다. 시간을 아끼기 위해 전문가의 도움을 받는다. 좋은 시간을 보내기 위해 어떤 콘텐트를 볼지 고른다. 책을 사기 위해 지불하는 건 돈이 아니다. 책은 시간을 지불하는 물건이다. 이것이 성공할 사람에게 날카로운 판단력이 중요한 이유다. 인간에게 시간이 가장 중요하기 때문이다. 가난한 머리는 잘못된 판단을 하여 잘못된 것들과 잘못된 사람들에 시간을 버린다. 부유한 머리는 훌륭한 선택을 할 수 있는 판단력을 계발해 삶의 시간을 더 풍부하게 만든다. 시간이 모든 것이다. 시간에 기쁨의 빛을 비추면 부가 탄생한다.

On Marketing

Marketing is letting people know about the existence of your product. Marketing is also forming a perception of your brand. Make a great product and tell people about it, and you are a success. When people need it, they will recall your product and get it. Marketing is public education. Good marketers are good at making people remember your product. Great marketers are effective at convincing people to go for your product, and stay loyal to your offerings. Marketers are educators with a commercial flair. Bad marketers don't take the consequences of their actions into consideration, as incompetent people are short-sighted. Good ones see further. Great ones know what to do and what not to do. You can learn to be the great one. We all start from naivete.

마케팅 요약

마케팅은 내 제품의 존재를 사람들이 알게 하는 것이다. 마케팅은 또한 브랜드 인식을 형성하는 일이다. 훌륭한 제품을 만들어 이게 있음을 사람들에게 알리면 당신은 성공한다. 사람들이 이것이 필요할 때 내 제품을 떠올리고 살 것이다. 마케팅은 대중 교육이다. 잘하는 마케터는 사람들이 내 제품을 기억하게 한다. 일류 마케터는 사람들이 내 제품을 사도록 설득할 뿐만 아니라 내가 제공하는 것들을 신봉하게 만든다. 마케터는 상경계의 교육가다. 삼류 마케터는 그들의 행동이 미치는 여파를 고려하지 않는데 그건 무능한 사람들은 멀리 내다보지 못하기 때문이다. 유능한 자는 멀리 본다. 남달리 뛰어난 자는 무엇을 할지 알고, 무엇을 안 할지 안다. 배움을 통해 남달리 뛰어난 사람이 될 수 있다. 우리는 모두 순진한 아이였다.

How to afford what you desire

When you look at the prices of the things you want, it may seem overwhelming. Instead of being overwhelmed by it and compromising, you can direct your attention to the positive: finding a way to afford it. James Cameron didn't write the Titanic to be the number 1 box office success. He just wanted to explore the shipwreck and found a way to afford the exploration. Even if you perceive your situation to be a dead-end, keep looking. There always is a way. You don't get what you want only because you stop trying. The best way to become wealthy is to deserve it. Do something valuable for other people. And you get wealth and respect in return. A man is not set in stone. We can change. We can grow. We can upgrade ourselves by updating our software through education. The universe changes. So do we.

원하는 것을 얻는 법

갖고 싶은 것의 가격을 보고 주눅이 들 수도 있다. 가격에 압도당하고 현실과 타협하기보다, 생각의 방향을 긍정적으로 바꾸면 된다. 가질 수 있는 방법을 찾는 데 집중하자. 〈타이타닉〉을 쓴 제임스 카메론은 영화 역사상 가장 성공한 영화를 만들기 위해 그 영화를 만든 게 아니다. 그냥 가라앉은 배를 탐험하고 싶었고, 그 비싼 탐험 비용을 충당하기 위해 영화를 만들었다. 당장은 가능성이 없어 보여도, 계속 방법을 찾으라. 돌파구는 언제나 있다. 그것을 얻지 못하는 이유는 시도를 멈추기 때문이다. 부자가 되는 최고의 방법은 그럴 자격을 갖추는 것이다. 다른 사람에게 필요한 일을 하라. 그러면 부와 존중을 대가로 받는다. 사람은 바뀔 수 있다. 우린 성장할 수 있다. 우리의 소프트웨어를 새롭게 해 우리 자신의 가치를 높일 수 있다. 교육을 통해서. 우주는 변한다. 우리도 그렇다.

Be authentic

Y Combinator co-founder Paul Graham has seen 4,000 start-ups come and go. A very few of them made it. For the ones who did it have the shared quality, as Paul says, that is authenticity. He says Zuckerberg isn't after money. If he were after money, he would have sold his company early on for billions of dollars. That's not the point. What would you do with the money alone when you can keep building this valuable company to make a real difference to the world? "We are doing what we love to do with people we love," Warren Buffett puts it. Authenticity means being true to yourself and genuine in your actions and words. It's about being real and honest, not bluffing nor pretending to be something you are not. Zuckerberg stands for 'making the world more open and connected' and he really means it. When you are authentic, you sincerely care about the cause and the people you work with so you are trustworthy, showing your true personality and beliefs. Wealth is an effect of the accumulation of trust from the people you spend time with. Authenticity aids good reputation.

진짜가 되어라

Y-컴비네이터를 공동창업한 폴 그레엄은 4,000개의 신생기업이 생겨났다 사라지는 걸 직접 보았다. 극소수만 성공했다. 성공한 사람들에겐 하나의 공통점이 있는데, 그것은 진정성이다. 페이스북 만들고 현재 세계에서 네 번째로 부자인 저커버그는 돈을 좇지 않았다고 그의 성장을 지켜본 폴이 말한다. 그가 돈을 좇았다면 몇조 원에 이미 회사를 팔았을 것이다. 돈이 중심이 아니다. 이 가치 있는 회사를 계속 키워 세상을 바꿀 수 있는데, 그 돈으로 뭘 할 것인가? "우리는 우리가 좋아하는 사람들과 우리가 좋아하는 일을 하고 있어요"라고 워런 버핏이 표현한다. 진정성은 당신 자신에게 진솔하고 당신의 일과 행동에 진심인 것을 의미한다. 척하지 말고 솔직하라. 저커버그의 대의는 '세상을 더 가깝게 연결하기'이고 그는 이 임무에 진심이다. 당신에게 진정성이 있다면 당신도 대의를 향해 올곧게 항해할 것이고 함께하는 사람들을 챙겨줄 것이며, 당신의 진짜 성격과 생각을 보여주는 결과로 신뢰를 얻을 것이다. 부는 당신이 시간을 함께하는 사람들의 신뢰에서 파생되는 결과다. 높은 명성을 쌓는 데 진정성이 도움 된다.

Find a meaning and commit to it

The gateway to eternal wealth and success is in continuity. You've learned that the essence of the wealthy mindset is their long-term vision. The noble see farther; the ignoble are myopic. True wealth rewards you with peace of mind. In the world where unpredictability prevails, serenity is veritable affluence. Serenity is a deep, lasting inner calm that you can harbour in times of inevitable chaos. Hence you are to find a meaning in your work and life, and remain committed to it. A person without a meaning in life is never happy. You are here to do it for as long as your life. As you stay the course, compounding will occur and take care of your wealth. Your wealth will double every once in a while, again and again, and you can get whatever you ever want with the wealth gifted from the time you persisted.

의미를 찾아 전념하라

영원한 부와 성공으로 가는 마법의 관문은 지속성에 있다. 부자의 마음가짐은 장기적 시각임을 당신은 배웠다. 고상한 사람은 멀리 내다보고, 천박한 사람은 표면만 본다. 진정한 부는 마음에 평화를 가져다준다. 불확실성이 팽배한 이 세상에서 진정한 부유함은 그런데도 평온할 수 있는 마음이다. 피할 수 없는 세상의 파도에서도 흔들리지 않는 깊고 오래가는 평온함을 가진 자가 진짜 부자다. 그러기 위하여 당신의 삶과 일에서 의미를 찾으라. 그리고 그 의미를 계속 붙들고 있으라. 삶에 의미가 없는 사람은 행복하지 않다. 당신의 진정한 업은 죽는 순간까지 할 수 있는 일이다. 끈기 있게 하다 보면 복리의 법칙이 작동해 당신은 자연히 부자가 될 것이다. 자산이 주기적으로 두 배가 되기를 계속 반복할 것이다. 사고 싶은 것은 그게 무엇이든 이 버팀의 시간이 준 선물로 살 수 있다.

Focus on impact

There are things that are knowable, and things that are unknowable. It's a waste of time doing things that are unknowable. Do what is important to you and the people, and what is knowable. We are not going to do a lot of things with our limited lifetime and youthful energy, all the while our mind is ripe. Focusing on impact enables us to achieve great things and to let the little problems of life be taken care of by itself. You should concentrate on making meaningful and significant changes or contributions in your work or efforts. Instead of getting bogged down by minor details or trivial tasks, you and your team should prioritise actions and projects that have the potential to create the most substantial and positive difference. This involved identifying key areas where your work can have the greatest effect and directing finite resources towards those areas in order to maximise outcome and benefits. Wealth is a result of such choices. Knowing what will generate the biggest value you can do requires the understanding of human necessities.

가장 큰 영향을 끼칠 일에 집중하라

세상에는 알 수 있는 일이 있고, 알 수 없는 일이 있다. 알 수 없는 일을 하는 건 시간 낭비다. 당신 그리고 당신과 같은 시대를 살아가는 사람들에게 중요한 일, 그리고 알 수 있는 일을 하라. 우리의 한정된 시간과 젊음의 에너지로 지혜로운 짧은 기간에 많은 일을 해내는 건 불가하다. 당신이 할 수 있는 일 중 가장 큰 효과를 일으킬 일에 집중하는 게 성공하는 길이고, 나머지 자잘한 삶의 문제들을 해결할 수 있는 선택이다. 당신의 일에서 가장 의미 있고 중대한 변화를 일으키도록 시간과 에너지를 집중하라. 큰 임팩트를 내지 않을 사소한 일에 기운을 소진하기보다는, 가장 극적이고 긍정적인 결과를 낼 수 있는 일을 우선순위로 해내어야 한다. 이를 위해선 무엇이 그런 결과를 낼 수 있는지 알아야 한다. 그러면 최대의 결과를 얻는 일에 한정된 자원을 배분할 수 있다. 부란 이런 선택의 결과다. 당신이 할 수 있는 일 중 무엇이 가장 큰 가치를 만들어 낼 것인지를 알기 위해서는 인간의 필요를 이해해야 한다.

Stay within your circle of confidence

Knowing your strengths and weaknesses before you begin your journey is of crucial importance, because if you don't, you won't get rich. We're not talking a million or two. That's middle class. Former CEO of Microsoft, Steve Ballmer was very wrong about the future of the iPhone when it came out in 2007. He said for $500 businessmen will use smartphones, and for them to write emails having a proper keyboard was needed. He said no one will want the iPhone and it will disappear soon. But it changed the world, and hundreds of millions of iPhones are sold annually. Despite his misjudgement, Ballmer became as rich as his former boss Bill Gates as of July 2024. Both are worth $158B, give or take a few millions. Depending on the performance of MS share price, Ballmer is richer. (Yet Bill donated greatly to charity.) He reportedly gets $1B in annual dividends from his MS equity. You can be wrong at times, useless at certain things. But if you know your strengths and stay at the spot, you will live just as well off. Ballmer started working as an assistant product manager and became a proficient manager.

잘하는 일만 하라

당신의 자신 있는 분야와 자신 없는 분야를 알고 일을 시작하는 게 극도로 중요하다. 그러지 않으면 부자가 될 수 없기 때문이다. 10억, 20억을 얘기하는 게 아니다. 그건 중산층이다. 이전 마이크로소프트 CEO 스티브 보머는 2007년에 아이폰이 나왔을 때 아주 틀린 판단을 했다. 스마트폰이 46만 원이면 비즈니스맨이 쓸 텐데 그 사람들은 이메일이 필수이고 그러려면 제대로 된 키보드가 있어야 한다고 했다. 그래서 아무도 아이폰을 원하지 않을 거고 곧 시장에서 사라질 거라고 했다. 그러나 아이폰은 세상을 바꿨고, 매년 2억 개가 넘는 아이폰이 팔린다. 그의 오판에도 불구하고 보머는 그의 전 직장 상사인 빌 게이츠와 2024년 동일한 부를 가졌다. 둘 다 218조 부자인데, 마이크로소프트 주가에 따라 보머가 더 부자가 되기도 한다. (게이츠는 아주 많이 기부했다.) 보머는 마이크로소프트 배당수익만 일년에 1조 3,800억 원에 달한다고 한다. 당신도 때때로 틀릴 수도 있고, 어떤 일은 아주 못할 수도 있다. 그러나 당신이 잘하는 일을 알고 그 일만 파고들면 잘살 수 있다. 보머는 어시스턴트 PM으로 일을 시작해 유능한 경영자가 되었다.

Autonomy

Stress doesn't come from hard work. Every work is difficult. It primarily comes from not taking action over something that you can have some control over. So stress comes from ignoring things you shouldn't be ignoring, says Jeff Bezos. You want to take control of your life so that you do what you want to do with your life. A sense of agency matters for happiness. When you take actions as well as the responsibility, you gain the power to execute your life the way you like it to be. You are the chief executive of your life. When you lose control of your ship, that's when all the distress emerges and starts to overwhelm you. Own your journey. Steer your own course. Take charge of your destiny.

주체성을 지니라

힘든 일이 스트레스를 주는 게 아니다. 모든 일이 어렵다. 스트레스는 제어할 수 있었을 일에 대해 행동을 취하지 않음에서 주로 온다. 무시하지 말아야 할 일을 무시하는 데에서 스트레스가 온다고 제프 베조스가 말한다. 당신의 인생에 캡틴이 되어야 당신이 원하는 삶을 살 수 있다. 행복하기 위해 주체성은 꼭 필요하다. 책임을 지고 행동하면 당신이 원하는 대로 당신의 삶을 만들 힘을 얻는다. 당신은 당신 인생의 CEO다. 인생이라는 당신 배의 통제력을 잃는 데서 모든 불행이 시작되고 삶이 침몰하기 시작한다. 여정의 주인공이 되어라. 당신의 길을 직접 개척하라. 당신의 운명에 주인이 되어라.

Think for yourself

Market research is not for the next super rich. Don't ask people what they want. They don't know what they want. Don't ask other people to think for you. You should be the thinker. Think for yourself. Leaders have no one to follow. You are the one who makes decisions. We can act as a follower in a work setting. But we are the leaders of our life. My life is my sail, and mine only. The route to the riches is not a feeling one, albeit an intuitive one; it's the thinking process. You are to think through. You are to think for yourself. You have to make your own decisions, instead of copying what others are doing. Be different, because your situation is unique to yourself alone. Differentiation is the golden rule for success. We are individuals after all. All the mistakes you make are nothing when seen from the universe.

스스로 판단하라

시장조사는 다음 슈퍼리치가 될 사람이 할 일이 아니다. 사람들에게 뭘 원하냐고 묻지 말라. 대중은 그들이 뭘 원하는지 모른다. 다른 사람에게 대신 생각해 달라고 하지 말라. 당신이 생각해야 한다. 스스로 판단하라. 리더는 따를 사람이 없다. 큰 결정을 내리는 사람은 바로 당신이다. 업장에서는 다른 사람을 따를 수도 있다. 그러나 내 인생의 리더는 나다. 내 인생은 오직 나의 항해다. 부자로 가는 길은 직관이 필요하긴 해도 감정적인 여정은 아니다. 생각하여 나아가는 여정이다. 속속히 깊게까지 생각해야 한다. 다른 사람들의 행동을 베껴 따라 하기보다는, 스스로 생각해 직접 판단을 내려야 한다. 남다르게 행동하라. 당신의 상황은 고유한 것이니까. 차별화는 성공의 법칙이다. 나와 같은 사람은 이 우주에 없다. 우주의 관점에서 내려다보면 당신의 실수들은 아무것도 아니다.

Hedgehog wins; fox loses

Ancient Greek poet Archilochus left a fragment that reads: a fox knows many things, but a hedgehog knows one great thing. Cunning fox are the business school graduates and investment bank analysts. They know everything. But the hedgehog knows one big thing. When foxes do all the smart things with marketing gimmicks and clever analyses, a hedgehog knows one great thing and stays the course. When a fox perceives the world complicated, a hedgehog simplifies it. As John Bogle puts it, "set the right course and don't let all these superficial and emotional momen-tary things get in your way! Don't lose something. Just stand there." You are after something that doesn't change over time. You don't want superficial and transient trivialities that don't do any good to your well-being. You want timelessness. Universal laws are simple. The simple way to wealth is doing your job well. Fashion and gimmicks come and go; style and class stay and last. You buy a brand-new Mercedes and it depreciates like crap in just a few years. They change covers often so yours look older, making you want to buy a new one. It's gimmicky. You buy an ageless Porsche and it holds its value even after several years, because Porsche is built to last and the demand for it is perennial.

여우는 지고, 고슴도치가 이긴다

고대 그리스 시인 아르킬로코스가 남긴 조각에 이렇게 쓰여 있다. "여우는 많은 것을 알지만, 고슴도치는 위대한 하나를 안다" 교활한 여우는 MBA 졸업생과 투자은행 애널리스트 같은 사람들이다. 이들은 모르는 게 없다. 그런데 고슴도치는 큰 진리를 안다. 똑똑한 여우들이 마케팅 요령과 똘똘한 분석으로 분주하게 움직일 때, 고슴도치는 훌륭한 하나를 제대로 알고 주변 상황에 아랑곳하지 않고 버틴다. 여우들이 세상을 복잡하게 생각할 때, 고슴도치는 단순화한다. 인덱스 펀드를 창시해 많은 사람들을 부자로 만든 존 보글이 이렇게 말했다. "옳은 길을 정한 다음 표면적이고 감정적이고 일시적인 모든 것들이 당신이 가는 길을 막지 않게 하라! 바삐 사고팔며 잃지 말라. 그냥 가만히 쥐고 있으라." 당신이 추구해야 할 것은 시간이 흘러도 변하지 않는 가치다. 표피적이고 일시적인 가벼운 일들은 당신의 좋은 삶에 도움이 안 된다. 시간이 흘러도 좋은 것이 좋은 것이다. 동서고금을 막론하고 진리인 법칙은 단순하다. 부를 얻는 간단한 원리는 당신의 일을 잘하는 것이다. 사람들의 관심을 끌려는 수작과 유행은 금세 사라지지만, 고상함과 격조는 영원하다. 벤츠를 새로 뽑으면 몇 년 새 헐값이 된다. 겉모습을 자주 바꿔 당신의 차가 오래되어 보이게 해 새 차를 사고 싶게 만든다. 꼼수투성이다. 세월에 강한 포르쉐는 수년이 지나도 가치를 유지한다. 이는 대대로 물려줄 것을 염두하고 만들었기 때문이고, 이를 원하는 사람들의 수요도 변함없기 때문이다.

Turmoils in the short-term; growth in the long-run

Jeonse is a private loan. Day trading is gambling: 95% lose money. Gold is not an investment. Keeping your money in the savings account is losing money as opposed to inflation. The latter three are a loser's game, said John Bogle who created the legendary Vanguard index fund. The poor go for jeonse. There is a reason for this to exist only in South Korea and not in wealthy countries. When Warren Buffett was starting out he was a one-man band for 6 years and made mistakes. What made him a legend today is continuous learning and correction of the course. Seen short-term, life is a sail of ups and downs. Seen from far, you get to the destination you aim at. Individual company's share price fluctuates in the short-term. The whole market always grows in the long-run. This explains why those with long-term vision become rich.

단기로 보면 혼란스럽지만 장기로 보면 성장이다

전세는 사채다. 데이트레이딩은 도박이다. 95%가 결국 돈을 잃는다. 금은 투자상품이 아니다. 저축만 하는 것은 인플레이션에 비해 돈을 잃는 일이다. 뒤의 세 가지는 패자의 게임이라고 존 보글이 말했다. 전세는 빈자의 선택이다. 이 기이한 방식이 한국에만 있고 선진국에는 없는 이유가 있다. 워런 버핏도 처음에 시작할 때는 6년 동안 원맨쇼로 사업을 하며 여러 실수를 했다. 그를 전설로 만든 것은 끊임없는 배움과 변화다. 인생은 짧은 기간을 보면 위아래로 요동치는 항해지만, 긴 시간을 보면 결국 목적지에 다다른다. 개별 회사의 주가를 보면 단기에서 위아래를 요동치지만, 주식 시장 전체를 보면 항상 우상향 곡선이다. 멀리 볼 수 있는 사람이 부자가 되는 이유다.

Don't blame anything; fix it

There always are markets, as long as humanity exists. There always are people out there needing something. If you blame the environment for your poverty, you are a loser. There always are demands. Fail to convince the people to come for you, you fail. Turn the tables. Find out why people don't come to you and fix this problem, you are a winner. Fix it. If you have the brains to read this, you have the ability to figure it out. Make the people trust what you offer(reputation & brand). When people don't pay for what you do, that may be not your trade: find another job(market relevance). The game-changing index fund Vanguard was born from a moment of truth. Fix the problem, and you can rise.

무엇도 탓하지 말고, 고치라

인류가 존재하는 한 시장이 존재한다. 무언가가 필요할 사람은 언제나 있다. 처한 상황을 탓하는 사람은 패자다. 원하는 사람은 항상 있다. 그런 사람들이 나에게 오도록 설득하기를 실패하면, 실패한다. 상황을 바꿔보자. 왜 사람들이 나에게 오지 않는지 이유를 찾아내어 이를 고치면, 승자가 된다. 고치라. 이 글을 읽을 머리가 있다면 해결책을 찾을 머리 또한 있다. 사람들이 당신이 제공하는 가치를 믿고 사게 하라(명성과 브랜드). 당신이 하는 일에 사람들이 돈을 내려 하지 않으면 그 일은 당신의 업이 아닐 수 있다. 다른 일을 찾으라(시장 적합성). 게임의 판도를 바꾼 인덱스 펀드 뱅가드도 기업 존폐의 기로 속에 태어났다. 문제를 해결하면 비상할 수 있다.

Don't ever lose faith

If you are a secular person, owning a building, buying the $3m dream car, and building a $1B company may seem difficult at first. If you are a noble and classy spirit, building a school or business that changes lives seems difficult at first. But everything seems difficult at first. One thing you must keep in your heart at all times: faith. Have faith in yourself, and don't ever drop it. If you don't believe in your reason for being and ability to persevere and make a difference in this world, no one will. True success is survival. Whatever life throws at you, you mustn't lose faith in yourself. Trials only strengthen you. You embrace the blessings from heaven, because you have your reason for being. Serve it. Have a long-term vision, the rest will work itself out.

신념을 절대 잃지 말 것

당신이 세속적인 사람이라면, 건물주가 되거나 41억짜리 드림카를 사거나, 1조 4,000억 가치의 회사를 만드는 게 처음엔 어려워 보일 수 있다. 당신이 고상한 사람이라면, 사람들의 인생을 바꾸는 학교나 기업을 만드는 게 처음엔 어려워 보일 수 있다. 그러나 모든 것이 처음엔 어려워 보인다. 가슴 속에서 절대 잃지 말아야 할 단 하나는 바로 신념이다. 당신의 능력과 태어난 이유에 대한 신념을 결코 의심하시 말라. 당신이 살아있는 이유와 역경을 견뎌내어 세상을 더 나은 곳으로 만들 수 있는 능력을 당신이 먼저 믿지 않으면 아무도 믿지 않을 것이다. 진정한 성공은 생존이다. 인생이 무슨 시험을 하건, 당신 자신에 대한 신념은 결코 잃지 말라. 시련은 당신을 더 강하게 한다. 하늘의 축복을 끌어안으라, 당신에겐 존재 이유가 있으니까. 인생을 길게 보면 결국 다 잘될 것이다.

King can't solve poverty

Idiots can become rich. Getting rich only requires consistent actions. You've got to do something that people want. You can go out in the field, pick up four-leaf clovers, gift-wrap it and sell it in front of a university. You can make a secret recipe for tteokbokki and set up a street food stall. You can start English tutoring from a cafe and grow into the most effective English hagwon in the world. You set the wheels in motion and keep building it up until it becomes an empire. Your poverty is caused by either your inaction or ignorance. King cannot solve poverty. It's nothing to do with external factors. It has all to do with your responsibility for your life. Your parents have no duty to pay for all your toys. You have every reason to be grateful for giving you this time to live your life.

가난은 임금님도 구제할 수 없다

바보도 부자는 될 수 있다. 돈을 버는 데 필요한 건 지속적인 행동뿐이다. 사람들이 원하는 무언가를 하면 된다. 들판에서 네잎클로버를 꺾어다 잘 포장해서 대학교 앞에서 팔 수도 있다. 맛있는 떡볶이 비법 소스를 만들어 길에서 장사를 할 수도 있다. 카페에서 영어 과외를 시작해서 가장 효과적인 영어학원으로 성장할 수 있다. 일단 어떻게든 시작해서 일이 굴러가게 만든 다음 계속 더 잘하여 제국을 건설하면 된다. 가난의 원인은 둘 중 하나다. 아무 일도 하지 않아서거나 무지해서. 가난은 임금님도 구제할 수 없다. 외부적 요소가 원인이 아니다. 당신 인생에 스스로 책임을 지느냐에 전적으로 달렸다. 부모도 당신에게 장난감을 사줄 의무는 없다. 당신이 원하는 대로 삶을 살 수 있는 이 시간을 주신 부모에게는 그것만으로 무한히 감사할 뿐이다.

Manage the flow of energy

Energy flows in a certain direction. The negative terminal discharges energy, while the positive terminal receives it. Poor mind is negative; so they give away their resources. Rich mind is positive; a constant flow of resources comes into them. "Stay away from negative people. They have a problem for every solution," said Albert Einstein. Poor people have an exceptional talent to get the bad things in life even if they seem to have everything covered. They are remarkably good at picking things and turning otherwise a good situation into a bad one. No matter how good they are at their trade, this negativity keeps them poor. Scepticism and pessimism are different. The former is cautious; the latter is negative. Shun negative mentality. They will drag you down and waste your time, even if they are very beautiful or highly qualified. Choose your influence carefully. Be a positive energy and positive people and things will be attracted to you. When you are successful, complacency is a negative energy to avoid. It lets you make hasty decisions and lower quality efforts. On top of that, it makes you overestimate your abilities whereas you are only a human being.

에너지 흐름을 다스리라

에너지는 정해진 방향으로 흐른다. 음극은 에너지를 방출하고, 양극은 받아들인다. 가난한 머리는 음극이다. 그들의 자원을 내어준다. 부유한 머리는 양극이다. 자원이 계속 들어온다. "부정적인 사람들을 멀리하라. 그들에겐 모든 해결책이 다 문제다"라고 아인슈타인이 말했다. 가난한 사람들은 큰 문제가 다 해결되었음에도 나쁜 상황으로 만들어 버리는 재능이 있다. 자기 일을 얼마나 잘하든 이 부정적인 시각이 그들을 가난하게 한다. 회의와 비관은 다르다. 회의주의는 조심하는 태도고, 비관주의는 부정적인 관점이다. 부정적 사고방식을 피하라. 아무리 아름답고 유능하더라도 부정적 에너지는 당신을 끌어내려 귀중한 시간을 버릴 것이다. 당신에게 흘러 들어오는 에너지를 잘 선택하라. 긍정의 에너지가 되면 긍정의 사람들과 긍정의 현상들이 당신에게 이끌려 올 것이다. 성공적인 사람이 되면, 자만이 피해야 할 부정적 에너지다. 자만은 성급한 결정을 내리게 하고 질 낮은 노력을 하게 한다. 그보다도 위험한 것은 당신의 능력을 과대평가하게 된다. 우리는 항상 옳을 수 없는 미물에 불과하다.

Lightweight wins the race

"Cost is everything in this business," John Bogle said. No matter how much revenue you generate, you are left with nothing if you spend a lot for the costs. Cash is life blood. No cash will kill your business. Amazon was saving on every single cost until $500m can be earned in just 3 hours. John Bogle knows what a negligible cost reduction can do over the compounding interest. If you are serious about becoming wealthy, keep the fixed costs down. Cash is the HP point in combat games. When cash is down, your game is over. Cash gives you room for manoeuvre; it keeps you alive when you are preparing for a long-term project or developing the winning product which will top you in the game like Nvidia. On a personal scale, enough cash in the bank gives you peace of mind. You don't worry too much when a job or two get out of hand. It gives you time to think and calmness required to think for a breakthrough. Don't envy big companies. "The bigger it is, the more energy it takes to move it," Peter Lynch said. Stay light and nimble. This natural law applies to everything. For car races, lightweight beats big engines. This is how a small Mini won the rallies in the 60's. When you keep the load down, you can be agile to accept changes quickly. Survival is the ultimate success.

비용을 줄이라

"이 사업에 비용이 전부"라고 존 보글이 말했다. 얼마나 많은 매출을 창출하든, 비용으로 다 써버리면 남는 건 없다. 현금은 피다. 현금이 없으면 사업은 무너지기 쉽다. 아마존은 아주 작은 것에까지 비용을 아꼈다. 6,880억 원을 3시간마다 벌 수 있을 때까지. 전설의 투자자 존 보글은 아주 작은 비용이 복리에 얼마나 큰 영향을 끼칠 수 있는지 알았다. 부자가 되는 데 진심이라면, 고정비를 줄이라. 현금은 전투게임의 피다. 피가 깎이면 게임 끝이다. 현금은 장기 계획을 준비하거나 엔비디아처럼 게임에서 1위를 하는 최고의 제품을 개발할 여지를 준다. 개인적인 관점에서 넉넉한 은행 잔고는 평온을 준다. 일 한두 개가 계획대로 안 되더라도 크게 걱정하지 않는다. 깊이 생각해 볼 시간을 주고 돌파구를 찾을 차분한 마음 상태를 보장한다. 대기업을 부러워 말라. "운용 자본이 많을수록 이를 움직이는데 더 큰 에너지가 소요된다"고 피터 린치도 말했다. 가볍고 민첩함을 유지하라. 이 자연의 법칙은 모든 것에 적용된다. 자동차 경주에서도 가벼운 차가 큰 엔진을 이긴다. 작은 미니가 60년대에 랠리를 이긴 이유다. 싣고 다니는 무게를 줄이면 변하는 환경에 민첩하게 적응할 수 있다. 생존이 곧 성공임을 기억하라.

Dealing with criticisms

People are self-absorbed. We all mind primarily our own problems. We are motivated by our self-interest. As there is a saying that one who wears the crown must bear the weight of it, when you are highly successful at something, there are people who are irritated by your success and trying to pull you down. When you do your job very well, getting criticisms is inevitable. It's the indifference you have to fear. Take the negative feelings off their edgy words, and try to learn something from it. An honest piece of criticism can be a great learning point, which you can use to reinforce your empire. Regarding hate speech, you are only to realise that it tells more about them than you. Haters have problems themselves. They call you a vulgar word because they are. Hang out with royals and they will treat you like royalty. The proper way to criticise is to acknowledge their good aspects prior to commenting on what they could improve. We are on one same little aircraft called humanity. You don't want to make a mess within the cabin, otherwise we'll all crash.

비판을 다루는 법

사람들은 자신에 빠져 있다. 사람은 자기 문제를 가장 먼저 신경 쓴다. 사람들은 자신에게 가장 이익이 될 것을 위해 행동한다. 왕관을 쓴 자 그 무게를 견디라는 말이 있듯, 뛰어나게 성공하면 꼭 이 성공에 배 아파 끌어내리려는 사람이 있다. 일을 아주 잘하면 비판은 불가피하다. 진짜 무서운 것은 무관심이다. 비판을 받으면 부정적인 감정은 걷어내고 그에서 무언가를 배우라. 솔직한 비판은 훌륭한 선생이 되어 당신의 제국을 더 견고하게 해줄 수 있다. 비이성적인 비난에 대해서는 그 꼬인 관점이 당신이 아니라 그 사람 스스로를 설명함을 알라. 어둠에 스스로를 굴복당한 자들은 그들 본인에게 문제가 있다. 당신에게 천박한 말을 하는 이유는 그들이 천박하기 때문이다. 왕족과 어울리면 당신을 왕족으로 대할 것이다. 비판하는 올바른 방법은 상대의 좋은 점을 언급한 다음 더 나아질 수 있는 부분을 짚어주는 것이다. 우리는 모두 인류라는 하나의 비행기에 올라와 있다. 기내에서 난동을 피우면 모두가 위험하다.

Build the best thing

You are only as good as your product, goes James Dyson. Products come before branding. Branding is a name and a reputation. You've had a good experience with a product, so you remember the name to come back to it for more or to tell your friends about it. Getting people to remember your name (through advertising) is pointless if you make rubbish. Coming up with the most advanced and refined product from the first round is less likely; so iterate it to reach near perfection. One of the best Korean restaurants Somunan Hanbunsik started as a stall at a market 51 years ago. They kept at refining their craft and built an everlasting and unrivalled local business. Their feat comes down to the best kimbap in the world. When you make the best product, people will keep buying your product. It doesn't matter how humble or less profitable your product is. Build the best thing or skill that people need, and you are fabulously rich. Yet scaling up takes education and intelligence. But if you have strong fundamentals, greatness will come. It's okay if your first product was bad. It's not okay if you rest on your laurels. We have to constantly evolve into a better being, producing better things.

숲이 우거지면 호랑이가 오기 마련이다

"당신의 제품이 곧 당신이다"라고 제임스 다이슨이 말한다. 브랜드보다 중요한 것은 제품이다. 이름과 명성이 브랜드다. 어떤 제품으로 좋은 경험을 하면 그 이름을 기억해 두거나 주변에 말한다. (광고를 통해) 이름을 알리는 일은 제품이 별로면 무의미하다. 처음부터 뛰어나고 훌륭한 제품으로 등장하기는 어렵다. 고로 끝없이 개발하고 개선해야 한다. 최고의 한식당 중 한 곳인 경북 구미의 소문난 한 분식은 51년 전 시장에서 가판대로 시작했다. 자신의 제품을 오랜 시간에 걸쳐 더 나은 제품이 되도록 개발하여 결국 대적할 수 없고 대대로 이어지는 지역사업체가 되었다. 이들의 성공의 근원은 세계 최고의 김밥이다. 최고의 제품을 만들면 사람들이 계속 살 것이다. 그 제품이 얼마나 소소해 보이고 마진율이 낮은지는 상관없다. 사람들이 필요로 하는 무언가를 최고로 만들어 (능력 포함이다) 제공하면 자연은 당신에게 부를 하사할 것이다. 다만 스케일을 키우는 일에는 배움과 지성이 필요하다. 그러나 기본기를 잘하면 성공은 오기 마련이다. 첫 제품이 안 좋았어도 괜찮다. 성공에 안주하는 건 안 괜찮다. 우리는 계속 진화해서 더 나은 사람이 되고 더 나은 제품을 만들어야 한다.

How to rise to prominence on a personal scale

Great success is a result of given resources well assigned. Human time and energy are limited. Growing wealthy is mostly about managing your time and energy. For the rich to be, you must be serious about it. You can only put in a few hours a day on a task. You are to make a difference with these precious few hours a day. Choose wisely what to do and what not to do. This is the truth shared among all the great people in history: What you do everyday adds up to greatness. Build an efficient and effective habit or system, and you have a wonderful and rewarding life. For starters, manage your mental energy by managing your sleep. Get quality sleep, which is vital for a productive day. You make the greatest fortune by making great decisions. For this, you need a sound mind. Idiots reduce sleeping time; geniuses sleep 8 hours a day and improve the quality of their awake hours(Einstein slept 10 hours and power naps for optimal brain function). Some work intensely for days until they drop, and use sleep to recharge them to work intensely again(Mr.Beast). Some practise uber(polyphasic) sleep(Leonardo da Vinci). Wealth is not built on a big quantity of rubbish; it's made of the highest quality hours. Use nights for inputs; learning and reading. Allocate mornings for golden outputs; focused work doing the most valuable thing and writing. And the magic trick is to employ tools like the Internet and AI.

개인의 입장에서 크게 성공하는 법

남다른 성공은 주어진 자원을 잘 쓴 결과다. 인간의 시간과 에너지에는 끝이 있다. 부자가 되는 일은 시간과 에너지를 잘 다루는 일이다. 부자가 될 사람은 이 자원에 진중해야 한다. 하나의 작업을 위해 하루에 들일 수 있는 시간은 얼마 되지 않는다. 이 소중한 몇 시간으로 인생을 바꿀 결과를 내야 한다. 무엇을 할 것인지, 무엇을 안 할 것인지 신중하게 선택하라. 역사상 위대한 사람들이 공통으로 인정하는 진리가 이것이다. 매일매일 하는 일들이 쌓여 위대함이 된다. 효율적이고 효과적인 습관이나 시스템을 만들라. 그러면 꿈같이 보람찬 인생으로 보상받을 것이다. 그 시작으로, 뇌의 에너지를 관리하기 위해 잠을 관리하라. 잠을 잘 자라. 많은 일을 해내기 위해 잠이 중요하다. 큰 부는 훌륭한 결정으로 번다. 그러기 위해선 머리가 맑아야 한다. 잠을 줄이는 건 가난한 사고방식이다. 천재들은 8시간은 꼭 자고 깨어 있는 시간의 능률을 높인다(아인슈타인은 10시간을 잤고 틈틈이 짧은 낮잠을 자 뇌 기능을 최상태로 유지했다). 어떤 사람들은 격렬하게 며칠을 일하고 쓰러져 잔 다음 일어나 다시 강렬하게 일한다(유튜버 Mr. Beast). 어떤 사람들은 여러 번 나눠 자는 궁극의 수면법을 쓴다(레오나르도 다 빈치). 질 낮은 시간의 양을 많이 붓는다고 부자가 되지 않는다. 최상의 시간이 부를 이룬다. 뇌에 피로물질이 쌓여 능률이 낮은 밤 시간을 정보 입력에 쓰라(배움과 독서). 뇌의 능력이 100%인 아침 시간을 가장 가치 있는 업적을 만들어 내는 데 쓰라(업과 글쓰기). 그리고 당신의 능력을 배가시키는 마법은 인터넷과 AI 같은 도구를 쓰는 것이다.

Be the Master of one trade

Whether you are an individual or an organisation, your resources are finite and there is only one head that gives the entity a direction. Do one thing very well. There is a classic advice in business: Jack of all trades, master of none. Even when Apple became a large corporation, it kept its operations like a startup. When Apple was nearly bankrupt in 1997, Steve came back, streamlined operations and refocused their strategy. Apple does one thing very well: the personal computer. They have only 5 product lines; iPhone 52%, services 22%, wearables 10%, Mac 7%, and iPad 7% (2023). But their market cap is $3.47 trillion as of July 2024. Samsung does extensive operations and a diverse range of products, and its market cap is $407 billion. It's tempting to do this and that when you are doing well or not so well. Know what you can do better than anyone else, and focus all your attention on this very one thing. It's true for any entity, an individual or a corporation(business and investment). You can make zillions by delving into the one thing.

하나를 최고로 잘하라

당신이 개인이든 단체이든, 자원은 한정되어 있고 방향을 지시할 머리는 하나뿐이다. 하나의 일을 제대로 하라. 비즈니스에는 고전이 된 조언이 있다. "오만 것을 다 하려고 하면 하나도 제대로 못 한다" 애플이 큰 기업이 되었을 때도 스타트업처럼 단순하고 민첩하게 운영했다. 애플이 파산 직전이었던 1997년에 스티브가 애플로 돌아와 운영을 간소화하고 흐릿해진 회사 전략을 다시 집중했다. 애플은 하나를 제대로 한다. 개인 컴퓨터. 애플은 제품 라인은 딱 5개다. 아이폰 52%, 서비스 22%, 웨어러블 10%, 맥 7%, 그리고 아이패드 7% (2023년 기준). 그러나 시가총액은 4,800조 원이다(2024년 7월). 삼성은 아주 다양한 분야에 다양한 제품군을 하지만 시가총액은 562조 원이다(같은 시기). 사람이 잘되거나 잘 안될 때 모두 이것저것 해보고 싶은 마음이 들기 쉽다. 당신이 누구보다도 잘할 수 있는 일이 무엇인지 알고, 그 하나에 머리를 집중하라. 이 원칙은 개인과 회사(사업과 투자)에 공통이다. 하나만 파면 억만금을 벌 수 있다.

What < How < Why

Small people ask small questions: what would people think if I dress like this? Big people ask big questions: will this action make a big difference for the future of humanity? You can be rich selling nail clippers. It was one of the biggest exports from South Korea. But does it make any difference to the world? Korean nail clippers are nowhere near as good as Japanese. Do you make the lives of the users better by selling them inferior products? No. Then refine it. Think creatively how you can make the finest product ever made. It doesn't matter WHAT you do. What genuinely counts is HOW you do it. Attitude is all that matters to make a big difference. If your kid says she wants to be a musician, you would say no. It'd be unpredictable and unstable to make ends meet. But you joy yourself with good music. You know if you can be the best at it or not. And if you have a strong WHY you do this, you persevere however the journey gets unbearable. Success comes after the endless setbacks and fears. You must have WHY you soldier on. And living off battle food comes enjoyable to your heart. It's character-building. It takes character to be the victor. Will to survive, in Jenson Huang's words, will get you there.

무엇 < 어떻게 < 왜

작은 사람은 작은 질문을 한다. "이렇게 입으면 사람들이 어떻게 생각할까?" 큰 사람은 큰 질문을 한다. "이 일이 인류의 미래에 큰 영향을 끼칠까?" 손톱깎이만 팔아도 부자는 될 수 있다. 한국 최대 수출 물품 중 하나였다. 그러나 이것이 세상을 더 낫게 만드는가? 한국 손톱깎이보다 일제가 훨씬 좋다. 이런 저급 제품을 팔면 이걸 쓰는 사람들의 삶을 더 낫게 만드는가? 아니다. 그러면 더 낫게 만들라. 어떻게 세상에 없던 최고의 제품을 만들 수 있을지 창의적으로 생각하라. 무엇을 하는지는 그리 중요하지 않다. 진짜 중요한 것은 무슨 일을 하든 그 일을 어떻게 하느냐. 일을 대하는 태도가 성공을 결정한다. 딸이 음악가가 되고 싶다고 하면 당신은 아마 하지 말라고 할 것이다. 잘될지 안될지 모르고 생계를 꾸리기에 불안정하기 때문이다. 어떤 일을 하여 최고가 될 수 있을지 아닌지는 본인이 안다. 하는 일에 분명한 이유가 있으면 여정이 견디기 힘들더라도 버틴다. 연이은 실패와 두려움 다음에 성공이 온다. 계속 앞으로 나아갈 강한 이유가 있어야 한다. 그러면 전투식량을 먹고 살아도 기쁘게 느껴질 것이다. 당신을 남다른 존재로 만드는 과정이다. 승자가 되기 위해는 남달라야 한다. 엔비디아 CEO 젠슨 황의 표현대로, "살아남기 위한 의지"가 꿈을 이루게 할 것이다.

You have your own hole in the universe to build a castle around

Being rich is being great in some way. Undeserved wealth evaporates. Riches come with demand. As you satisfy more people, you are made rich. If you think you are no good at anything, keep looking. "Every block of stone has a statue inside it and it is the task of the sculptor to discover it" said Michelangelo. You have your own hole in the universe to build a castle around. There is something you can be great at. Even if your body is paralysed and all you can move is your little finger, you can do valuable work for humanity, and make yourself wealthy. Stephen Hawking did just that. It takes focused work. It takes determination and commitment. It just takes some time allocated correctly, which requires sound judgement and discipline. That's all. Do things. Make lots of mistakes. James Dyson stresses the importance of having lots of failures. There will be no Michael Jordan without his unfathomable amount of failures. We just remember his winnings. Mistakes are necessary for ultimate success. You learn from it. Only through learning can you create a reality called rich life. The key here is to never stop learning and rising from the fall.

이 우주에서 성을 지을 땅은 당신에게 반드시 있다

부자가 된다는 건 어떤 일에서 훌륭하다는 증거다. 받을 자격이 없는 부는 증발한다. 사람들의 필요가 부를 생성한다. 많은 사람들을 만족시키면 부자가 된다. 당신이 잘하는 게 하나도 없다고 느낀다면, 계속 찾아보라. "모든 바윗덩이 안에는 조각이 있고, 이를 발견하는 것이 조각가의 일이다"라고 미켈란젤로가 말했다. 이 우주에서 성을 지을 땅은 당신에게 반드시 있다. 당신이 최고가 될 수 있는 일은 있다. 신체가 마비되어 움직일 수 있는 몸이 손가락 하나밖에 없더라도 인류에게 가치 있는 일을 하여 부자가 될 수 있다. 스티븐 호킹이 그랬다. 몰입이 필요할 뿐이다. 하겠다는 강한 의지와 전념이면 된다. 정확히 시간을 들이면 된다. 이를 위해 좋은 판단력과 자기 통제력을 기르라. 이게 다다. 할 일을 하라. 많이 실수하라. 가난한 예술가로 시작해 억만장자가 된 제임스 다이슨은 많은 실패가 중요하다고 강조한다. 수많은 실패 없이는 마이클 조던도 없었을 것이다. 사람들은 그저 그의 멋진 모습만 기억할 뿐이다. 최종적 성공을 위해 실수는 필요조건이다. 여기서 배워 더 잘하게 되기 때문이다. 이런 배움을 통해서만 부자의 인생이라는 현실을 만들 수 있다. 여기서 중요한 점은 배움을 멈추지 않고 넘어지더라도 계속 다시 일어나는 것이다.

The most valuable skill now

In a world where a simple question to the AI can escalate human progress, no other skill is more valuable than storytelling. Develop your communications skills, in both writing and talking, and you will increase your value by at least 50%, says Warren Buffett. Storytelling is the skill to convey your major point effectively so that you get what you want. A new wealth begins from an idea. Executing this idea requires effective communication skills. You convince competent people to get on board to build the next best thing that benefits humanity, with this skill. Having no money is not an excuse. You walk up to angel investors and venture capitalists and tell them a story why your idea is valuable and you are the right person to realise it. They will invest in you and your idea. All you need is the right idea and storytelling skills. On your journey to make a history, you tell your teammates what they need to hear for the common vision to be realised in time. Move the people, and you move the resources.

지금 가장 가치 있는 기술

AI에 간단한 질문 하나면 사람의 업무를 가속하는 이 세상에서 가장 가치 있는 기술은 스토리텔링이다. "당신의 소통 능력을 계발하라, 글쓰기와 말하기 모두, 그러면 당신의 가치를 최소한 50% 끌어올릴 것이다"라고 워런 버핏이 말한다. 스토리텔링은 당신의 주된 요지를 효과적으로 전달하는 능력이다. 이렇게 원하는 것을 얻을 수 있으니까. 새로운 부는 하나의 아이디어로 시작한다. 이 아이디어를 실행하는 것은 효과적인 소통 능력이다. 사람들에게 이익이 될 무언가를 함께 만들 유능한 사람들을 설득하는 능력은 바로 이 기술이다. 돈이 없는 건 변명이 될 수 없다. 엔젤투자자들과 벤처투자자들에게 가 당신의 아이디어가 왜 실현할 가치가 있는지, 왜 당신이 그 일을 할 적임자인지 이야기를 잘 들려주면 돈 문제는 해결된다. 투자자들은 먼저 당신이라는 사람에게 투자하고 아이디어에 투자한다. 필요한 건 옳은 아이디어와 스토리텔링 능력이다. 새 역사를 쓰는 당신의 여정에서 목적지에 제시간에 도착하도록 팀원들에게 필요한 말들을 해주는 데에도 필요한 기술은 스토리텔링이다. 사람의 마음을 움직이면, 자원이 움직인다.

8 Steps to the riches

1. Pick a human necessity/desire you can serve the best

2. Work on your competence

3. Go on adventures—enterprise & investing mean undertaking calculated risks for a bigger return

4. Let the people know that you have a good product/service they can use—this is called marketing

5. Build an unfair advantage so that you are protected from competition—this will help make a lasting business

6. Be adaptable—the world changes. Adapt to the changing environments—ultimate survival is ultimate success

7. Develop and think from the users' point of view—endless iteration and refinements are the most humanly possible way to make the best product

8. Build a culture that will keep the business running when you are no longer around.

부로 가는 8단계

1. 당신이 누구보다 잘할 수 있는 인간의 욕구/필요를 하나 고르라

2. 그 일을 잘하도록 능력을 계발하라

3. 철저히 알아보고 통제할 수 있는 리스크 내에서 도전하라(사업/투자)

4. 당신의 제품/서비스를 사용할 사람들에게 이 좋은 것이 있음을 알리라(마케팅)

5. 경쟁자가 따라 할 수 없는 당신만의 강점을 개발하라(이것이 사업의 지속성을 보장한다)

6. 유연하라(세상은 변하고, 변하는 환경에 따라 변화하여 오래 생존하는 것이 성공이다)

7. 사용자의 관점에서 나아질 수 있는 점을 끝없이 고민해 개선하라(하나의 제품을 끝없이 더 낫게 만드는 일이 최고의 제품을 만드는 가장 인간적으로 가능한 방법이다)

8. 사람들의 행동 양식(문화)을 만들라. 이것이 당신이 더 이상 없을 때도 사업을 지속시킬 것이다

Brilliant leaders create a culture

The symbol of success is 8. 8 means perseverance(endless trials and learnings until you get the intended outcome) and eternity (staying wealthy your entire lifetime). And yet, success can be cyclical rather than serial. After a success, your next attempt can not be so successful. What matters then is to stay in the game for a long term and build a culture that continues to try and learn without resting on what worked in your past success. "Build a culture that will keep the business running eternally" says Warren Buffett. Steve Jobs once rebuked Microsoft for having no taste, because they don't build a culture around their products. Culture is often overlooked by those with no such vision, but it is essential to establish an eternal source of wealth. Berkshire Hathaway will run as usual when Warren is gone, because he has built the culture in place to prepare for his death. The same goes for Apple. Culture is the automation code for humans. When you walk into a library, you are automatically adjusted to be quiet, because the people in that place act that way. Culture is the invisible code which automates the operation. Creating culture gives you infinite time.

훌륭한 리더는 문화를 만든다

성공의 상징은 8이다. 8은 끈기(될 때까지 시도하고, 실패에서 배워 다시 시도한다)와 영원(죽을 때까지 부자로 산다)을 의미한다. 그런데 성공은 연속적이라기보다는 주기적이다. 한번 성공한 다음 시도하는 일은 그리 성공적이지 않을 수 있다. 그래서 중요한 점은 게임에 오래 버티며 예전의 성공과 예전에 되었던 방식에 안주하지 않고 계속 배우고 시도하는 문화를 만드는 것이다. "사업이 영원히 굴러갈 수 있는 문화를 만들라"고 워런 버핏이 조언한다. 스티브 잡스는 언젠가 마이크로소프트는 그 제품을 쓰는 사람들의 문화를 만들지 않는다며 안목이 미숙한 회사라고 비판했다. 일반적인 사람들은 보지 못하는 것을 보는 비전이 없는 사람들에겐 문화가 등한시되지만, 문화는 부의 영원한 샘물을 만들기 위해 필수다. 워런이 없더라도 버크셔 헤서웨이는 여전할 것이다. 죽음을 대비해 그가 문화를 만들어 놓았기 때문이다. 애플도 마찬가지다. 문화는 인간을 자동화하는 명령어다. 우리가 도서관에 들어가면 자동으로 조용히 하게 되는데, 그 이유는 그곳의 사람들이 그렇게 행동하기 때문이다. 문화는 운영을 자동화하는 보이지 않는 명령어다. 문화를 만들면 무한한 시간을 얻는다.

Intelligence = Wealth

Understand this: your wealth is your brain child. "A man paints with his brains and not with his hands," Michelangelo said. Wealth is a result of your mentality and execution. "Invest in yourself," Warren Buffett says. Work on developing your intelligence so that it can amass wealth. Learning doesn't mean learning some new skills. It means changing your way of seeing and behaving. It means becoming a better person. It means being able to think differently from your previous self. Learning is the only hope for anyone to build wealth yourself, and to maintain it. Your brain capacity is the quality and quantity of your wealth. You need to know how to be rich and remain so. Mathematician Jim Simons scored 66% annual returns for 31 years by using the collective intelligence of physicists and scientists. Intelligence creates wealth. If you lack intelligence, you often overestimate your abilities. You think you know something when you really don't know anything about it. Lack of education is the cause of insufficiency. Rich people don't spare expenses for learning. Cost of learning doesn't matter to the wealthy, because it pays off whatever the price is. The greatest asset is your brains. Allocate more of your capital on books, not swags. Employ more time on reading, than at the gym. You will get the biggest return on investment when you invest in your brains.

부는 지성에 비례한다

당신의 부는 당신의 지적인 자식이다. "그림은 손으로 그리는 것이 아니라 머리로 그리는 것이다"라고 미켈란젤로가 말했다. 부는 당신의 사고방식과 실행의 결과다. "당신의 [머리에] 투자하라"고 워런 버핏이 말한다. 부를 끌어모을 지성을 개발하라. 새로운 기술을 배우는 것만이 배움이 아니다. 배움이란 생각하고 행동하는 방식을 바꾸는 것이다. 더 나은 사람이 되는 것이 배움이다. 이전의 당신과는 다르게 생각할 수 있는 것이 배움이다. 스스로 부를 생성하고 싶은 사람의 유일한 희망이 배움이고, 부를 유지하는 것 또한 배움이다. 당신의 지적 수용 능력이 당신의 부의 크기와 질을 결정한다. 어떻게 부자가 되어 부를 유지할 것인지 알아야만 부를 시현할 수 있다. 수학자 짐 콜린스는 연수익률 66%를 31년 동안 지속했는데 그 비결은 물리학자와 과학자들을 고용해 그들의 뛰어난 지성을 투자에 사용했기 때문이다. 지성이 부를 만든다. 지성이 부족하면 자신의 능력을 과대평가하곤 한다. 무엇에 대해 안다고 생각하는데 사실은 하나도 제대로 아는 게 없을 수 있다. 무지가 부족의 원인이다. 부자는 배움에 돈을 아끼지 않는다. 부자에게 배움의 비용은 문제 되지 않는다. 수업비가 얼마든 그 이상의 가치를 만들 수 있기 때문이다. 가장 큰 수익을 주는 자산은 당신의 뇌. 자본을 겉모습보다 책에 더 많이 들이라. 시간을 헬스장보다 책을 읽는 데 더 들이라. 뇌에 투자하면 가장 큰 수익률을 이룰 것이다.

Resilience

"The next day I got fired, literally the next day, I started a new company," Michael Bloomberg said, the richest person in New York at $106B as of 2024, and three-term mayor of New York City. He was 39 when fired from his job. He used his equity of the company he was fired from to start Bloomberg LP, which moved from being a David to a Goliath. It became a highly successful financial information and media company. A calamity is only an opportunity for the resilient. And resilience is a true strength since it's practically invincible. Michael also said, "being an entrepreneur isn't really about starting a business. It's a way of looking at the world: seeing opportunities where others see obstacles, taking risks when others take refuge." "Entrepreneurship is having an idea to do something great and not entirely having a plan on how to do it but the drive and will power to make it work." Once he became a billionaire, his wealth grew rapidly from $4.5B in 2008 to $106B in 2024 like the later stage of Fibonacci sequence. For you to grow exponentially, the essence is to stay in the game for the long-term.

Golden Ratio : Growth rate of Nature

F0	F1	F2	F3	F4	...	F15	F16	F17	F18	F19
0	1	1	2	3		610	987	1597	2584	4181

회복탄력성

"다니던 회사에서 해고된 바로 다음 날, 진짜 그다음 날 내 회사를 시작했다"고 2024년 자산 약 142조 원으로 뉴욕에서 가장 부자이고 뉴욕시장을 세 번 한 마이클 블룸버그가 말했다. 그가 퇴사했을 땐 39살이었다. 다니던 회사 지분으로 블룸버그를 설립했다. 작았던 다윗은 골리앗이 되었다. 아주 성공적인 금융 정보 미디어 기업이 되었다. 다시 일어설 수 있는 사람에겐 불행은 기회일 뿐이다. 짓눌러도 눌리지 않는 회복탄력성은 진정한 강인함이다. 부술 수 없기 때문이다. 마이클은 또 그랬다. "기업가가 되는 건 사업을 시작하는 게 아니다. 세상을 보는 방법이다. 다른 사람들이 장애물로 보는 것을 기회라고 보고, 다른 사람들이 도망칠 때 리스크를 짊어지고 도전한다." "기업가 정신은 비범한 무언가를 할 아이디어는 있어도 그걸 어떻게 해낼지 정확한 계획은 없어도 강한 열망과 원동력으로 그를 이뤄내는 것이다." 그가 억만장자가 된 이후로 그의 부는 2008년 6조 원에서 2024년 142조 원으로 급격히 성장했는데 이는 피보나치 수열의 후반부 같다. 폭발적인 성장을 위해 중요한 것은 오래 살아남는 것이다.

Golden ratio : growth rate of Nature

In nature, every creature grows according to the golden ratio. The leaves, the trees, the babies of the blue whale, the face of a beautiful lady, and the wealth of a determined man. You are the nautilus shell. Don't let any circumstance stop you from your growth. Persevere long enough, you will reach the later phases of Fibonacci numbers for your growth. Growth takes learning. Take more ingredients(learning) in, you grow bigger and stronger. Growth mentality is a growth hormone. When 99.2% of people stop growing after phase 4, which is tertiary education, you keep growing as far as the scale of your dream. "If you don't encounter setbacks in your career, if you don't have doubts and disappointments, let me tell you, you're not dreaming big enough" goes Michael Bloomberg. Setting our aim too low and achieving it is dangerous, said Michelangelo. The limit of your growth is the limit of your imagination. "Lord, grant that I may always desire more than I can accomplish," Michelangelo prayed. "The true work of art is but a shadow of divine perfection."

황금비율 : 자연의 성장 법칙

자연의 모든 생명체는 황금비에 따라 성장한다. 나뭇잎, 나무, 대왕고래의 아이들, 아름다운 여인의 얼굴, 그리고 작정한 사람의 부. 당신은 앵무조개다. 그 어떤 상황도 당신의 성장을 막지 않게 하라. 충분히 오래 집념하면 당신의 성장도 피보나치의 후반 숫자에 이를 것이다. 성장에 필요한 것은 배움이다. 더 많은 양분(배움)을 섭취하면 더 크고 더 강하게 성장한다. 사람이 성장할 수 있다는 생각법은 성장 호르몬이다. 99.2%의 사람들이 대학 교육인 4단계 이후로 크지 않을 때, 당신은 계속 배우고 나아가 당신의 꿈만큼 성장할 수 있다. "이 길에서 실패하지 않거나 의구심이 들지 않거나 실망하지 않는다면, 내가 해보고 하는 말인데, 당신은 충분히 크게 꿈꾸고 있지 않은 것이다"고 마이클 블룸버그가 말한다. 목표를 너무 낮게 잡고 그를 이루는 것은 위험하다고 미켈란젤로가 말했다. 당신의 성장 한계는 당신의 상상력 한계다. "주여, 제가 이룰 수 있는 것 이상을 갈구할 수 있게 하소서" 미켈란젤로가 기도했다. "진정한 예술 작품은 신성한 완벽의 그림자에 불과하다."

Aim at perfecting your craft

By putting your powerful mental capacity into making money, you won't go too far. You will wear off, because all the WHY you work is to make money to pay for what you want to buy. That's a weak man's aim. Direct your focus on perfecting your craft: making the best thing in the world, doing your service better than anyone else in the world, and daring to shed your former self over and over again. You work on pushing the boundaries of human endeavours. You work on yourself to become a superior person than yesterday. When you and your work are so good, Nature can't help not to let all the great rewards gravitate towards you. From looking at the world and the statistics of the rich in South Korea, there isn't any. But there are too many fancy facades. You can be the first true wealthy, by focusing on crafting your life's work to be worthy of the divine perfection. When you mimic Nature, you become one.

당신의 작품을 최상으로 만드는 일에 집중하라

당신의 강력한 지적 능력을 돈을 버는 데 집중한다면 얼마 못 갈 것이다. 하다가 지칠 것이다. 일을 하는 이유가 사고 싶은 것을 사는 것에 불과하기 때문이다. 그건 작은 사람의 목표다. 당신의 작품을 완벽하게 만드는 데 집중하라. 세상에서 최고로 좋은 것을 만들거나, 당신의 일을 세계 최고로 잘하거나, 이전의 당신에서 탈피하기를 수없이 반복하며 훨씬 유능하고 지혜로운 사람이 되는 일에 집중하라. 인류 발전의 극치를 더 멀리 밀어붙이는 데 집중하라. 어제의 당신보다 우월한 인간이 되는 일에 집중하라. 당신과 당신의 작품이 아주 좋으면, 자연은 이 세상의 온갖 좋은 보상을 당신에게 주는 것을 참지 못할 것이다. 세계와 한국의 통계를 보면, 한국엔 진정한 부자가 없다. 그러나 한국엔 너무 많은 빛 좋은 개살구가 있다. 당신이 첫 번째 진짜 부자가 될 수 있다. 당신의 업을 초월적 완벽에 가깝도록 집중해 일함으로써. 자연을 따라 하면, 자연이 될 것이다.

Make multiple streams of income

Wealth is water. You either build the biggest river in the continent or make lots of small streams for you to be wealthy. The biggest river clearly puts you on one of the richest people on earth. Yet this is not for everyone. Making lots of small streams may be more feasible for you. This is a way of diversification. Millionaires on average have seven streams of income. These are active or passive. One common stream among common people is affiliate marketing. You help others advertise their products or services in some way. It can be through your social media. Another stream is side hustles. You do some business on the side line next to your day job. Another stream is investing in businesses. But gambling, speculative day-trading, buying commodities or currencies are not investing. Allocating your capital on things with intrinsic value for a long term is.

여러 물길을 만들라

부는 물이다. 부자가 되려면 대륙에서 가장 큰 강을 만들거나, 작은 물길을 여러 개 만들면 된다. 가장 큰 강은 당연히 당신을 지구상 가장 부자 중 하나로 만든다. 그러나 이 길은 모든 사람에게 맞는 길은 아니다. 작은 물길을 많이 만드는 게 당신에게 맞을 것이다. 이는 분산 투자의 하나다. 백만장자에겐 평균적으로 일곱 가지의 수입 물길이 있다. 어떤 건 직접 일해야 하고, 어떤 건 일하지 않아도 들어오는 수입이다. 평범한 사람들 사이에 많은 물길은 제휴 마케팅이다. 여러 가지 방법으로 다른 사람들의 제품이나 서비스를 광고해 주는 일이다. 주로 소셜미디어를 이용한다. 또 다른 물길은 부업이다. 그리고 투자도 있다. 도박이나 데이트레이딩, 원자재 또는 화폐 거래는 투자가 아니다. 내재적 가치가 있는 것에 장기간 자본을 빌려주는 것이 투자다.

Identify your core values

When knowing yourself is the first step to happiness, knowing your values is the first step to wealth. Every person is different, and you can't ask your parents about your values. Only you can identify your core values. Those who don't know themselves cannot make wealth for themselves. Wealth creation requires self-assurance. If you don't know who you are, it's unlikely that you can have faith in yourself when you are going through inevitable setbacks. As you make breakthroughs, you raise your value. Your value can increase far more as you clarify your core values and concentrate all your resources for them. Extraordinary wealth is created from value creation and development. This is how you become super rich. But the value belongs to the people. You provide this value for the people, and Nature rewards with wealth and respect.

중심 가치관을 알라

자신을 아는 것이 행복으로 가는 첫 단계이듯, 당신의 가치관을 아는 것이 부자가 되는 첫 단계다. 모든 사람은 다르고, 당신의 가치관을 부모님께 여쭤볼 수도 없다. 당신의 중심 가치는 오직 당신 자신만이 알 수 있다. 자신을 모르는 사람은 스스로 부자가 될 수 없다. 부의 생성에는 자기 확신이 필요하기 때문이다. '나'를 모르면 나에 대한 신념도 없을 것이고, 그러면 피할 수 없는 역경을 만났을 때 견뎌낼 힘도 없다. 이 역경을 지날 때마다 크게 성장하고, 이게 당신의 가치를 높인다. 당신의 중심 가치관을 확실히 알고 그것에 자원을 집중하면 당신은 더 가치 있는 사람이 된다. 굉장한 부는 가치를 창조하고 개발함으로 형성한다. 이렇게 초고액자산가가 된다. 사람들에게 이로운 것이 가치이고, 이를 제공하면 자연이 부와 존중으로 축복한다.

Be discerning in choosing your exemplar

There was a man who was dazzled by the spectacles that a con man displayed. The man lacked the discernment to recognise the false facade. As a price of having bad taste, he ended up in jail, deprived of personal freedom. Make a thoughtful choice in your hero. Not having one is equally bad as it means you have no goal in life: without a destination, you end up nowhere. New rich constantly rise from poverty, and they do so with their refined taste. Taste and judgement must be adjusted and fine-tuned. Your economic struggles stem from your poor choices. As Buddha and Emerson saw, you become what you think. "You will one day become the person you look up to," Warren Buffett said in his 90's. Select your hero wisely. Vulgarity has no chance to stand on the podium.

존경하는 사람을 신중히 고르라

어떤 사기꾼이 보여주는 화려한 겉모습에 눈이 먼 남자가 있었다. 그는 가짜 간판을 알아볼 안목이 없었다. 판단력을 계발하지 않은 대가로 그는 모든 개인적 자유를 빼앗기고 감옥에 갇히고 말았다. 존경하는 사람을 신중히 고르라. 본보기로 삼는 사람이 없는 것도 문제다. 인생에 목표가 없다는 뜻이기 때문이다. 목적지 없는 여정은 아무 데나 떠돌다 끝나게 된다. 가난에서 끊임없이 새로운 부자가 탄생하는데, 그럴 수 있는 비결은 안목을 길렀기 때문이다. 판단력과 안목은 개발해야 하는 능력이다. 당신이 가난한 이유는 나쁜 선택에서 기원한다. 부처와 에머슨이 알았듯, 사람은 생각하는 대로 된다. 언젠가는 우러러보는 사람처럼 된다고 90대가 된 워런 버핏이 말했다. 누구를 존경할 것인지에 신중을 기하라. 저급한 안목은 결코 성공할 수 없다.

Time wins

A shy only child, Charles Schulz loved drawing. He would draw his family dog as a kid. His mother passed away when he was 21. He served in the army during World War II. After his service, Charles went on to draw cartoons. It's Peanuts. Peanuts at its height ran in 2,600 newspapers with a readership of 355 millions across 75 countries in 21 languages. For 50 years Charles drew 17,897 Peanuts strips and produced merchandise and endorsements, generating over $1B turnaround per year. He earned around $40 million annually. Charles drew it from 1950 to 2000, until the very last week of his death. Warren Buffett, despite his annual return isn't the highest, is big on investing for over 80 years. Time is the absolute victor. Know your craft early and put more time into it than anyone else. You'll not just be well off, but a legend.

시간이 이긴다

낯가림이 많은 외아들인 찰스 슐츠는 그림 그리길 좋아했다. 어려서 가족의 강아지를 그리곤 했다. 그가 21살 때 어머니가 돌아가셨다. 같은 시기에 2차 세계대전에 참전한다. 그리고 계속해서 만화를 그렸다. 그는 바로 피너츠의 작가다. 피너츠는 절정기에 75개 국가에 21개의 언어로 2,600여 개의 신문에 실리며 3억 5,500만 명의 독자를 두었다. 50년 동안 찰스는 17,897편의 만화를 그렸고 굿즈와 광고를 포함해 해마다 1조 원 이상의 매출을 올렸다. 그의 연봉은 400억 원이었다. 1950년부터 2000년에 찰스가 별세하는 직전까지 그는 만화를 그렸다. 워런 버핏 또한, 그의 수익률이 최고는 아니지만, 80년 넘게 투자에 큰 관심을 가졌다. 시간이 절대적 승자다. 당신의 업을 빨리 찾아 그 일에 그 누구보다도 긴 시간을 들이라. 그러면 당신은 부자로 사는 것뿐만이 아니라 인류의 전설이 될 것이다.

Possess faith in your heart

Self-confidence is a source of power. Tom Ford would dress up when he felt depressed. The charismatic would practise his piercing eyes in front of a mirror. But these are extrinsic techniques. Unshakeable faith can be found from stripping away all the inessentials and hardening yourself in fierce heat. Adversity fortifies your character. Struggles build resilience. From it, you realise that you are here for a reason. You have a purpose to serve. This gives you immense power which moves the people to work for you and takes obstacles out of your way. "Faith in oneself is the best and safest course," Michelangelo said. Mere mortals compromise and live like slaves. Saints however never do. Possess faith in your heart and you are destined for success.

가슴에 신념을 품으라

내면의 자신감은 힘의 원천이다. 톰 포드는 우울감을 느낄 땐 말끔하게 수트를 입는다. 카리스마 있는 사람은 거울 앞에서 꿰뚫어 보는 눈빛을 연습한다. 이런 것들은 본질적이지 않은 표면적 기술일 뿐이다. 흔들리지 않는 신념은 인생에 불필요한 모든 것을 벗겨내고 뜨거운 열기 속에서 담금질했을 때 얻을 수 있다. 역경은 당신을 남다르게 한다. 고난은 당신을 너 강하게 한다. 이 과정을 통해, 당신의 존재 이유를 깨달을 것이다. 당신에게는 수행해야 할 생의 목적이 있다. 이것이 당신에게 무적의 힘을 주며, 사람들이 당신을 돕도록 움직이고 장애물이 길을 내어주게 한다. "자신에 대한 신념이 최고의 그리고 가장 안전한 길이다"라고 미켈란젤로가 말했다. 나약한 인간은 현실에 타협하고 노예처럼 산다. 이는 성자에게 있을 수 없는 일이다. 가슴에 신념을 품으라, 그러면 성공은 당신의 운명이 된다.

Increase self-reliance

Increase things that you have control over. So that peace and happiness belong to you. Unhappiness comes from the uncontrollable. Manage risks by understanding it. Dependency is weakness. Independence is the ultimate social skill, as competence helps others far better than incompetence. To be happy and well-regarded in the community, you must cultivate greater self-reliance. Armed forces exist to give us autonomy. Relying heavily on imports for vital resources like food will be critical for our survival in case of natural disasters. Relying on the government for your retirement is stupid, when the public officers are not more intelligent than you. Wealth is having people relying on you, not the other way around. Self-reliance is strength.

자기의존도를 높이라

통제하는 요소들을 점점 늘려나가라. 그러면 평온함과 행복은 당신의 것이 된다. 불행은 통제할 수 없는 것에서 온다. 위험 요소를 관리하는 법은 그것을 이해하는 것이다. 의존은 나약함이다. 홀로 설 수 있음은 궁극의 사회적 기술이다. 유능함이 무능함보다 타인에게 더 큰 도움이 되기 때문이다. 사람들 사이에서 행복하고 존중받기 위해서는 반드시 독립성을 키워야 한다. 군사력이 존재하는 이유는 자주성을 지키기 위해서다. 음식 같은 생존에 필수적인 자원의 타국 의존도가 높으면 자연재해가 일어났을 때 우리의 생존에 치명적일 것이다. 공무원이 당신보다 지성인이 아니라면 은퇴자금을 정부에 의존하는 것은 멍청한 일이다. 부자는 사람들이 당신에게 의존하는 것이지, 그 반대는 아니다. 자기의존은 힘이다.

Push the boundaries forward

When you exercise, pushing your limits changes the shape of your body. Staying within the boundaries does not improve your physique. You have to reach your limits and endure the pain. The same natural law applies to the human world. Doing the usual way like everyone else does not make any difference. Coming up with a new and better way to do things does. Having such vision and drive will make you super rich, because Nature will reward you for this innovation. Novelty is what is needed for a quantum leap in your status quo. Making a part of mankind to be better is the best way to great influence and eternity. Nvidia created GPUs that made a big difference in gaming. Bloomberg created proprietary tools that make life better for financial professionals. Albeit sketchy, Tesla changed the world by convincing people to want electric cars. Apple combined three devices into one and changed the world with the iPhone. Don't just tinker around to make some money off an opportunity. Innovate, not imitate. Do things differently. Be honourable, the rewards are solid.

한계에 도전하라

운동을 할 때 당신의 한계를 버텨야 몸이 변한다. 할 수 있는 만큼만 하면 몸은 그대로다. 한계에 도달해 고통을 견뎌내야 한다. 이 똑같은 자연의 법칙이 인간 세계에도 적용된다. 남들 하는 대로 하면 아무런 기적도 일어나지 않는다. 더 새롭고 나은 아이디어가 당신의 인생과 세상을 바꾼다. 이 비전과 에너지가 당신을 초고액자산가로 만든다. 이 혁신을 자연이 보상하기 때문이다. 인생을 극적으로 바꾸는 것은 참신함이다. 인류의 한 부분을 더 낫게 만드는 일이 큰 영향을 끼치고 영원에 이르는 최고의 방법이다. 엔비디아가 만든 그래픽 카드가 게임의 경험을 완전히 바꾸었다. 블룸버그가 만든 독자적인 도구는 투자자들의 업무를 바꾸었다. 테슬라는 저질 차를 만들지만 사람들이 전기차를 원하도록 설득해 세상을 바꾸었다. 애플은 세 가지 기기를 하나로 합한 아이폰으로 세상을 바꾸었다. 그저 기회를 하나 잡아 돈이나 벌 궁리를 하지 말라. 베끼지 말고 다르게 하라. 혁신은 다른 관점으로 문제를 보는 것이다. 명예로운 행동을 하라, 그 보상은 확실하고 두둑할 것이다.

Consistency is not free, but worth it

Career is built on reputation. Reputation is a hard-earned perception from your uncompromising efforts. Things happen to us always. But not making excuses is your choice. Showing up every single day on time is no small feat. This is why it's half the success. Business, which is the source of most of the self-made rich people's income, is built on reputation, which then is built from consistency. You want to guard it with your life. Poor minds close their shops when some personal matters occur. The rich never. It's hard. So they have backup plans. This is how you build a trustworthy reputation. Your true worth is revealed when things go wrong. McDonald's would not have become the number one restaurant chain in the world if their burgers tasted differently from one place to another. I know when a student makes excuses and does not show up at class on time, this person is not going to make it in life. Time is of the essence. You want to make people's time worthwhile. That's why they pay you. Brand is trust.

일관성은 쉽지 않지만 그래서 가치 있다

커리어는 명성 위에 세워진다. 명성은 타협하지 않는 당신의 노력으로 쌓아 올리는 인식이다. 예기치 못한 일들은 생길 수 있다. 그렇다고 변명하는 건 당신의 선택이다. 항상 정시에 나타나는 건 작은 성취가 아니다. 그래서 이것만으로도 반은 성공이다. 스스로 부자가 된 사람들의 부의 원천인 사업은 명성 위에 세워진다. 명성은 일관성으로 만들어진다. 명성은 생명처럼 소중히 지켜야 한다. 가난한 사고방식으로는 개인사가 생기면 가게 문을 닫는다. 부자는 절대 그러지 않는다. 쉽지 않다. 그래서 부자는 만일의 사태를 대비해 둔다. 이것이 높은 명성을 쌓는 방법이다. 사고가 터졌을 때 진짜 가치가 드러난다. 매장마다 버거의 맛이 달랐다면 맥도날드는 세계 1위 체인 식당이 되지 않았을 것이다. 배우는 사람이 변명을 둘러대고 수업에 정시에 오지 않으면 이 사람이 인생에서도 성공하지 못할 것이란 사실을 안다. 인간에게 가장 중대한 것은 시간이다. 사람들의 시간을 가치 있게 하라. 그래서 사람들이 당신에게 가격을 지불하는 것이다. 브랜드는 신뢰성이다.

Have right aides-de-camp

To paraphrase Emerson, 'if you don't have someone to talk to, you are not an educated man.' True goal of education is to let you know how little you know. Men don't know anything for sure. If you think you do, study physics. Everything we know is an opinion. Depending on what time you live, some opinions are more right than the others. Hence the best we can do is aim to be approximately right rather than completely wrong. You need to have the brightest people you can find next to you to tell you that you are wrong, and to discuss ideas with. A Queen needs her confidante. A world leader needs his aides. Avoid self-righteousness. The dumbest people are those who think they know it. Even if you are brilliant, you are still human. It is our destiny to coexist and collaborate.

좋은 보좌관들을 두라

에머슨이 그러길, '대화를 나눌 상대가 없는 사람은 교육받은 사람이 아니다.' 교육의 진정한 목표는 얼마나 아는 게 없는지를 알게 하는 것이다. 인간이 확실히 안다고 할 수 있는 것은 없다. 당신이 무언가를 안다고 생각한다면, 물리학을 공부해 보라. 우리가 아는 모든 것은 누군가의 의견이다. 어느 시대에 지금 당신이 살고 있느냐에 따라 어떤 의견은 다른 의견들보다 조금 더 맞다. 고로 우리가 할 수 있는 최선은 완전히 틀리기보다는 적당히 맞기를 목표하는 것이다. 당신과 의논할 수 있고, 당신의 생각이 틀렸다고 말해줄 수 있는 가장 영특한 사람들을 곁에 두어야 한다. 여왕에게도 비밀을 털어놓을 수 있는 친구가 있다. 세계적 리더에겐 보좌관이 필요하다. 독선을 피하라. 안다고 생각하는 사람이 가장 무지하다. 당신이 아무리 뛰어나더라도 인간에 불과하다. 함께 살고 함께 일하는 것은 인간으로서의 숙명이다.

Introspection

Prior to getting rich, thou must know thyself. Before going outwards, one must look inwards. Introspection is the first priority. Without reflection upfront, the money you make has no purpose. You will spend on stupid luxury and still not be satisfied and unhappy without knowing why. Mindless money does not enhance your life in any way. You are the same flesh and bones worrying about the very things that common people do. You may avoid working manual labour, but may not know the labour workers are happier than you. We each need a purpose. This purpose must be realised prior to becoming wealthy. Then your wealth will have a purpose. The most brilliant men contribute to the ultimate survival of human species in the vast space.

성찰

성공 이전에 성찰이 선행되어야 한다. 밖으로 나가기 전에, 안을 먼저 들여다보아야 한다. 당신의 내면을 들여다보는 일이 최우선이다. 세상을 다루는 일을 하러 나가기에 앞서 '나'를 이해하지 않으면, 당신이 버는 돈은 존재의 목적이 없다. 그렇게 부자가 된다면 멍청한 사치품에 흥청망청 쓰고도 만족을 느끼지 못하고 여전히 불행한데 그 이유를 모를 것이다. 무지한 돈은 당신의 삶을 전혀 더 낫게 만들지 않는다. 평범한 사람들과 똑같은 걱정을 하는 육신 덩어리에 불과할 것이다. 몸을 움직여서 해야 하는 노동을 피할 수는 있겠지만 그런 육체노동을 하는 사람들이 당신보다 더 행복하다는 사실은 깨닫지 못할 수도 있다. 우리는 각자에게 존재의 목적이 필요하다. 당신의 존재 목적을 부자가 되기에 앞서 깨달아야 한다. 그러면 당신의 부도 존재의 목적을 품을 것이다. 가장 뛰어난 인간은 우리 종족의 이 드넓은 우주 속에서의 궁극적 생존에 기여한다.

Make the person in front of you feel important

You now know that the source of wealth is the people. Therefore the relationship with the people is a must to take care of. To treat people well, you first need to choose the right people. This takes sound judgement. Once you've chosen the right circle of people to please, you want to make sure that they are feeling valued by you. This is true for your friends and partners, as for your customers and clients. Third rate entrepreneurs make this mistake to present themselves as the protagonist. But businesses exist to solve other people's problems. Your customers or clients are the protagonists. You are there to help them. As Sam Walton puts it, "there is only one boss. The customer. And he can fire everybody in the company from the chairman on down, simply by spending his money somewhere else." Care about your people.

당신 앞에 있는 사람이 존중받고 있다고 느끼게 하라

당신은 이제 부는 사람에게서 온다는 진리를 배웠다. 고로 당신이 챙겨야 할 것은 사람들과의 관계다. 사람들에게 최선을 다하기 위해선 먼저 상대를 잘 골라야 한다. 판단력이 이때 필요하다. 기쁘게 할 사람들 무리를 골랐으면, 그들이 가치 있게 느끼게 하라. 친구와 파트너에게도, 고객에게도 동일하게 적용되는 법칙이다. 삼류 사업가들은 그들 자신을 주인공으로 내세우는 실수를 저지른다. 그러나 기업은 다른 사람들의 문제를 해결해 주기 위해 존재한다. 당신의 고객이 주인공이다. 당신의 역할은 그들을 돕는 것이다. 샘 월튼이 말하듯, "세상엔 단 한 명의 상사만 있다. 고객. 그가 돈을 다른 데서 쓰는 것만으로 회사의 의장부터 직원까지 모두를 자를 수 있다." 당신의 사람들에게 최선의 정성을 다하라.

Feelings

This universe may be just waves of energies. Becoming wealthy is a result of intelligence and execution, but it really involves feelings. As we can't comprehend how certain sound waves move our emotions, moving the people's heart is at the core of attracting wealth. Historically, charismatics have amassed a great fortune by moving the masses. The human brain is stupid, some scientists remark. We think we are thinking. But the final call is on the feeling side. "I don't remember the price of this tie, but I remember how I was treated," Warren Buffett said. Most of our brains cannot compute numbers like computers. Our decisions from the prices are made from our impressions of them—feelings. Share prices are decided not by the companies' market fitness or profitability, rather by the feelings of the people who buy and sell the shares. If people were rational, there'd be no irrationalities like market mania nor crashes. Market crashes are people panic selling. What separates great cafes from bad ones is whether its culture aids dignity. Rational products are boring. Boring products don't make you rich. Bestselling books tend not to be intelligible and correct books. They are the ones that give you the best feelings as in the experience of it. What really moves people is their feelings. When you want to move ahead in your career, the key element is being liked by the right people. So they ask: what makes you tick? What drives you is often decided by your feelings, more than your reasons.

감정

우리가 속한 이 우주는 그저 에너지의 파장일 수 있다. 부자가 되는 일은 지성과 실행의 결과지만, 이 과정은 감정을 수반한다. 특정한 소리 파장이 우리의 감정을 감동하게 하는 것을 인간은 이해할 수 없는 것처럼, 사람들의 감정을 움직이는 것이 부를 끌어당기는 핵심이다. 역사적으로 카리스마가 있는 사람들은 대중의 감정을 움직여 큰 부를 끌어모았다. 인간의 뇌는 멍청하다고 과학자들이 말한다. 우리는 우리가 생각한다고 생각하지만, 마지막 결정은 감정으로 내린다. "이 타이의 가격은 기억하지 않지만, 이걸 살 때 어떤 경험을 하여 어떤 느낌을 받았는지는 정확히 기억한다"고 워런 버핏이 말했다. 우리 대부분의 뇌는 컴퓨터보다 빠르게 숫자를 처리하지 못한다. 가격에 대한 결정은 그 가격에 대한 인상으로 내린다. 감정으로 결정한다. 회사의 주가는 사람들에게 그 회사가 잘 쓰이고 있느냐(시장 적합성) 또는 수익성으로 결정되는 게 아니라, 그 증권을 사고파는 사람들의 감정으로 정해진다. 사람들이 이성적이라면, 비이성적인 시장 과열이나 폭락은 없어야 한다. 시장 폭락은 공황에 빠진 사람들이 팔아버려서 일어난다. 훌륭한 카페와 별로인 카페를 구분하는 것은 사람들이 존중받는 문화의 유무다. 이성적인 제품들은 지루하다. 지루한 제품으로는 부자가 되기 어렵다. 베스트셀러 책은 지적이거나 정확한 지식을 담은 책이 아닌 경향이 있다. 대중이 선택하는 책들은 읽는 경험이 기억에 남는 책들이다. 사람들을 움직이는 것은 감정이다. 커리어에서 앞서 나가고 싶을 때 중요한 요소는, 중요한 사람이 당신을 마음에 들어 하는 것이다. 그래서 사람들은 이런 질문을 한다. 당신의 성공 비결이 무엇이냐고(성공의 원동력이 무엇인지). 당신에게 강한 동기를 주는 것은 주로 감정적인 것이다.

Negotiate

One of the most valuable knowledge from the Law School is that everything is negotiable. All the prices and terms on goods are negotiable. Every price written in front of a product is negotiable by law. One common trait among the rich is that they are able to negotiate. In investing or life, winners are rigid and flexible at the same time. The human world is pliable. It's a clay for the intelligent. Fear comes mostly from ignorance and inaction. Just ask for it. Nothing really in this world is impossible. You can make it possible. The wealthy are those who find ways to get what they want, and keep trying it until they finally get it.

협상하라

법대에서 배운 귀한 지식 중 하나는 모든 것이 협상 가능하다는 사실이다. 모든 물건의 가격과 조건은 협상할 수 있다. 물건 앞에 쓰여 있는 가격은 법으로 협상이 가능하다. 부자들의 공통점은 협상할 수 있는 능력이다. 투자에서건 인생에서건 해내는 사람들은 고집 있는 동시에 유연하다. 인간 세상은 주물러 다르게 만들 수 있다. 세계는 지성인의 찰흙이다. 무지와 무위가 대부분의 두려움의 원인이다. 당신이 원하는 것을 그냥 물어보라. 이 세상에 불가능한 일은 딱히 없다. 당신이 가능하게 만들면 된다. 부자는 원하는 것을 얻을 방법을 찾아내어 그것을 얻을 때까지 시도하는 사람이다.

7 core values of the rich

You will be where your mind is. To go from where you are now to where you want to be, what you need is unwavering faith. Faith that you can. Faith that you will. Nature has given you a purpose to live for. Nothing can change this destiny as it is already set. You just have to believe in it. You just have to work on it. The deeper you focus on it, the faster you get there. Above all, have faith in yourself. Yet, you need to keep the right core values in mind to have a wealthy destination; integrity, accountability, discipline, innovation, perseverance, excellence, and originality. Integrity is acting morally and transparently in all business dealings, prioritising doing the right things over quick profits. Accountability is owning the decisions and the outcomes. It's acknowledging your mistakes and actively learning from them to drive positive outcomes. Discipline is getting yourself to do the work that matters the most to you. It's personal resource allocation. You don't put your time on silly things. Innovation is looking at a problem from a different perspective, and coming up with a new and better way of doing things. When you push humanity forward, you get great rewards. Perseverance is trying until you make it. You just don't quit. You see the end of it. Excellence is setting your standard to the highest. You make the best in the world, or don't bother doing it. Originality is thinking independently and creatively. Your provision is novel and proprietary. So you have protection over your existence. And the scale of your wealth will be determined by this.

부자의 7가지 중심 가치

머리를 두는 곳에 가게 될 것이다. 지금 있는 곳에서 가고 싶은 곳에 가기 위하여 필요한 것은 불굴의 신념이다. 당신이 할 수 있다는 신념. 당신이 해낼 것이라는 신념. 자연은 당신에게 존재의 목적을 주었다. 그 무엇도 이 운명을 바꿀 수 없다. 당신은 그저 이 목적을 굳게 믿어야 한다. 그리고 일에 착수해야 한다. 더 깊게 몰입할수록 더 빠르게 목적을 달성할 것이다. 다만 부유한 목적지에 가기 위해선 올바른 중심 가치를 지녀야 한다. 그것은 투명성, 책임감, 자기 절제력, 혁신, 끈기, 탁월함, 그리고 독창성이다. ⑴ 투명성은 모든 사업에 도덕적이고 겉과 속이 같게 행동하는 것이다. 쉽고 빠르게 돈만 버는 게 아니라 장기적 안목으로 옳은 일을 하는 것이다. ⑵ 책임감은 당신이 내린 결정과 그에 따른 결과를 받아들이는 것이다. 당신의 실수를 인정하고 그것에서 빠르게 배워 긍정적인 결과로 잇는 원동력으로 삼는 것이 책임이다. ⑶ 자기 절제력은 당신에게 가장 중요한 일을 하도록 스스로를 통제하는 능력이다. 당신의 자원을 분배하는 일이다. 시간을 미련한 일에 쓰지 않는 것이다. ⑷ 혁신은 문제를 다른 관점에서 바라보고 새롭고 더 나은 방식을 개발하는 일이다. 인류를 진보시키면 위대한 보상을 받는다. ⑸ 끈기는 될 때까지 시도하는 것이다. 관두지 않는 것이다. 끝을 볼 때까지 하는 것이다. ⑹ 탁월함은 당신의 기준을 최고로 높이는 것이다. 세계 최고를 만들든가, 그럴 게 아니면 하지 않는 것이다. ⑺ 독창성은 새로운 것을 만들어 내도록 스스로 생각하는 것이다. 당신이 사람들을 위해 제공하는 것이 아주 신선하고, 당신만의 독자 기술로 만든 것이다. 이를 통해 경쟁 속에서 당신의 존재를 보호할 수 있다. 부의 크기는 독창성으로 결정된다.

Energy for Success : Determination

Kobe Bryant wasn't invited to parties. He was alone in the rec room and used this feeling of being marginal to his advantage, turning it into hunger, motivation and desire to be the best basketball player he could be. And he did. Everything you need to achieve anything is determination. Anxiety fuels it. It's the dogged drive that gets things done. It's the mental energy that moves your body to make actions for a prolonged period of time. When your goal is set, you need to put in work. And you get the outcome. "Like Warren, I had a considerable passion to get rich, not because I wanted Ferraris, I wanted independence. I desperately wanted it," Charlie Munger once said. Wealth gives you dignity. Boy, it's worth it. You need a firm reason to put focused time in for decades. And you've got to love what you do even the pain that comes with it.

성공의 에너지

코비 브라이언트는 파티에 초대받지 못했다. 혼자 남은 소외감을 그가 될 수 있는 최고의 농구선수가 되고자 하는 강한 열망으로 전환했다. 그리고 그를 이뤘다. 무엇이든 이룰 수 있는 모든 것은 강렬한 의지다. 불안은 힘이 된다. 황소 같은 열망이 일을 해낸다. 당신의 몸을 움직여 장기간의 실행을 이끄는 마음의 힘이 열망이다. 목표를 정했으면, 일을 들여야 한다. 그러면 결과를 얻는다. "워런처럼 나 또한 부자가 되고 싶은 큰 열망이 있었다. 페라리를 원해서가 아니라, 자유로워지고 싶어서다. [변호사로서 의뢰인에게 청구서를 보내지 않아도 되는 당당한] 삶을 절실하게 원했다" 찰리 멍거가 그랬다. 부는 격조 있는 삶을 준다. 이보다 좋은 게 또 있을까. 당신이 몇십 년의 시간을 집중해서 들일 분명한 이유가 무엇인가? 그 과정의 고통까지도 즐길 수 있는 일을 찾으면 성공은 당신의 것이다.

Hide the Porsche

It is a truth universally acknowledged, that if you try until you make it, you will most certainly attain it. I call this Law of Success perseverance. Poor people think negatively about an idea and don't even try it. Average people give it a go, but then drop it before they see the end of it. Rich people are just not afraid to take the leap of faith even when they are not ready, and do whatever it takes to see the end of it. Tenacity is one simple quality you need to get rich no matter what. This rich is not just money rich; it's life-rich and experience-rich. The sense of achievement from doing seemingly impossible tasks brings about a happy level of dopamine which keeps you going. This contentment is what pulls more and better people into your circle, who in turn pulls you up higher into the stratosphere. When investors came to visit the old Apple office, young Steve Jobs yelled out: "hide the Porsche!" You don't want to seem complacent, nor should you. Jenson Huang said he enjoys the state of adversity because it keeps you focused. I go for a humble office on purpose for this reason. You want to stay hungry, if your goal is greater than the vast norm. A tree doesn't grow magnificent without pruning. When you can do this, your growth just never ends. Your life can be so much more than what you've been living.

포르쉐를 숨기라

될 때까지 시도하면 웬만해선 이룰 수 있다. 이 지혜는 거의 모든 상황에 적용되는 보편적인 진리다. 이 성공의 법칙을 나는 끈기라고 부른다. 가난한 사람들은 어떤 아이디어에 대해 부정적으로 생각하고 시도조차 하지 않는다. 평균적인 사람들은 한번 시도는 해보나 끝을 보기 전에 관둔다. 부자는 아직 준비되어 있지 않더라도 신념을 갖고 몸을 던지고는 끝을 보기 위해 무엇이든 한다. 목표를 쥐고 놓지 않는 완고함은 무엇이 당신을 가로막든 부자가 되고야 마는 힘이다. 이렇게 이룬 부는 그냥 돈만 많은 게 아니다. 풍부한 경험과 생명력이 가득한 부다. 불가능해 보이는 일을 해내고 얻는 성취감은 건강한 도파민을 방출해 당신이 계속 나아가 더 큰 성취를 이루도록 돕는다. 이 내적 만족감이 더 나은 사람이 더 많이 당신에게 이끌려 오게 하고, 이들의 도움이 당신을 최고점까지 끌어올린다. 예전 애플 사무실에 투자자가 방문할 때 젊었던 스티브 잡스는 소리쳤다. "포르쉐를 숨겨!" 자신의 성공에 도취해 자만하는 사람처럼 보여서도 안 되고 실제로 그래서도 안 된다. 젠슨 황은 역경의 상태에 있는 것을 즐긴다고 했다. 이 상태에 있으면 더 집중하게 되니까. 이 이유로 나도 저렴하고 수수한 사무실을 일부러 고른다. 대다수의 군중보다 훨씬 장대한 목표를 갖고 있다면, 계속 성장을 갈망해야 그 꿈을 이룰 수 있다. 나무가 웅장하게 성장하기 위해서는 가지치기(스트레스와 도전적인 상황)가 필요하다. 이것을 할 수 있으면 당신의 성장엔 끝이 없다. 당신의 생명은 지금껏 살아왔던 삶보다 더 장엄할 수 있다.

Keep your guard against complacency and hubris

"There are two kinds of people who lose a lot of money: those who know nothing and those who know everything," Henry Kaufman put it. Human mind is prone to overestimate their competence. There is no size and history large enough not to collapse. Even the great Roman Empire came to an end due to internal weaknesses and external pressures. Only the restless endeavours that you had when you were just beginning with nothing but your sheer will are keeping you in pole position.
A business is a person. A person dies when the soul loses its energy to stay strong. So does a business, or a wealthy family for that matter. For an organisation to hold onto their laurels, it has to integrate the culture of staying hungry and staying foolish. For ones who are after eternal wealth and love, you must maintain a sense of curiosity, ambition and a willingness to take risks. Your relentless pursuit of knowledge and improvement pays off. Your inner drive and passion to achieve more will set you apart far ahead of your competition. Your openness to learning will help you come up with unorthodox solutions, as novelty propels human innovations. Fixed mindsets never make it to the top nor stay there too long.
The world complies with the vanquisher who learns eternally. Everything returns to the mean eventually. No hype lasts forever, nor does anyone's success. This means for you that there will always be opportunities to rise.

자만을 주의하라

"세상에는 돈을 크게 잃는 두 종류의 사람이 있다. 아무것도 모르는 사람과 모든 것을 아는 사람이다"라고 헨리 카우프만이 말했다. 인간은 자신의 능력을 과대평가하기 쉬운 본성을 지녔다. 무너질 수 없는 크기와 역사는 없다. 그 위대했던 로마제국도 내외부적 문제로 사라졌다. 처음에 의지 말고는 아무것도 없이 시작할 때의 안주하지 않는 노력이 당신을 계속 이기게 한다. 기업은 사람과 같다. 영혼이 계속 강인할 힘을 잃으면 육신도 소멸한다. 기업도 그렇고, 부자 가문도 그렇다. 왕좌를 지키려면, 계속 배우고 성장하며 유연하게 새로운 도전을 서슴지 않는 문화를 품어야 한다. 항상 가슴에 호기심과 더 잘하고 싶은 꿈 그리고 도전할 의지를 지닌 사람이 영원한 부와 사랑을 받을 자격이 있다. 끝없는 배움과 변화는 지속적인 성공을 이룬다. 더 많은 걸 이루고 싶은 당신 안의 깊은 원동력과 열정이 경쟁의 바다에서 당신을 수면 위로 끌어올릴 것이다. 누구에게든 무엇으로부터든 배우려는 열린 마음이 기존과는 다른 해결책을 만들어낼 것이다. 새로운 접근이 인류의 혁신을 이끈다. 기존의 방식에 갇혀 변화하지 않으려고 하는 사람은 최고도 되지 못하고 되더라도 그 자리에 오래 있지 못한다. 세상은 영원히 배우는 자에게 왕관을 씌워준다. 그러나 모든 것은 결국 원점으로 돌아간다. 지금 뜨거운 것은 결국 사그라들고, 영원한 성공도 없다. 이 진리는 당신이 성공할 기회는 항상 있다는 뜻이다.

Aim Higher

The nature of wealth is an award from Nature to celebrate your contribution for the benefits of and evolution of mankind. So you have to find a work that you can pour your lifetime into, and be the best at it. Find your meaning of life and reason for being. Do your service with honour. Have dignity as a man, and don't act like a filthy man of humble birth. Your actions justify your worth. The content in your mind sets the limits to your growth. The direction of your mind shall be the destination of your life. Hang Kang has had surreal visions and persevered to keep producing them with words. Her oeuvre built with persistent effort is what made her deserve to be a Nobel laureate. The world is messed up in many ways. You can build a better thing. Great work is a result of each day well spent with discipline and principles. Albert Einstein once said, "if you want to live a happy life, tie it to a goal, not to people or things." Don't separate work from life. Work is life. If you can enjoy the journey, you can live the best life every moment. That is wealth. Money is just a scorecard.

더 높은 목표를 꿈꾸라

부의 본질은 인류의 이익과 진화를 위한 당신의 기여를 축하하기 위해 자연이 주는 상이다. 고로 인생의 시간을 쏟아 넣을 수 있는 당신만의 업을 찾아 그 일에 최고가 되어야 한다. 당신이 하는 일에 의미를 찾고, 이생의 목적을 알라. 당신의 일을 명예롭게 하라. 인간으로서의 품위를 갖추고, 경박한 행동은 하지 말라. 당신의 행동이 당신의 격을 결정한다. 사람은 그의 지성만큼 성장한다. 머릿속 방향이 인생의 종착지를 결정한다. 초월적인 비전을 지닌 한강은 긴 세월 동안 그 비전을 끈기 있게 글로 옮겼다. 그의 끈질긴 노력으로 쌓은 전체 컬렉션이 노벨상 수상자가 될 자격을 주었다. 인간 세상은 여러 분야에서 문제가 많다. 당신이 더 나은 것을 만들 수 있다. 훌륭한 업적은 하루하루 원칙을 지키며 해야 할 일을 하며 산 결과다. 아인슈타인이 언젠가 그랬다. 행복한 인생을 살고 싶다면, 사람이나 물건에 목메지 말고 목표를 위해 살라고. 일과 삶을 분리하지 말라. 일이 곧 삶이다. 그 과정에서 기쁨을 느낄 수 있으면, 당신이 살아 있는 모든 순간을 최고로 만들 수 있다. 이것이 부다. 돈은 그저 득점표다.

| 맺는 글 |

자연의 축복, 부

하늘을 올려보라. 저 넓은 우주, 그 너머에서 당신을 보라. 음식, 공간, 옷, 건강, 돈, 모든 인간적인 문제는 사소하다.

인간 세상은 비효율적이다. 사람이 개미처럼 각자의 기능을 잘하면 효율적으로 세상이 돌아가겠지만, 그러기에 사람은 너무나 감정적이다. 사람은 생각한다고 착각하지만, 사실은 주변 사람들이 하는 대로 행동하고 자신의 감정이 이끄는 대로 행동한다. 가장 이성적이어야 할 돈에 대한 결정이 특히 감정적이다.

그래서 자신만의 기능을 찾아 그 기능을 잘하는 사람이 부자가 된다. 당신이 잘하는 일과 못하는 일을 알라. 당신이 죽는 순간까지 하고 싶은 일을 찾으라. 그 일이 당신에게 부는 물론 장생을 줄 것이다. 돈은 좇는다고 잡을 수 없는 '교환 수단'이기 때문이다. 당신이 가치 있는 것을 소유하면 돈은 자연히 당신에게 이끌린다. 사람들이 그것을 원하고 필요로 하기 때문이다. 질투와 욕심과 두려움이라는 감정에 휘둘려 돈을 좇는 무리에서는 빈자가 더 많이 보이고, 고유한 역할을 찾아 그 역할을 가장 잘 해내는 사람들은 대다수가 부자다. 남들은 생각해 내지 못한 더 뛰어난 해결책을 창의성으로 찾아내어 그를 잘 실행해 낸 사람은 큰 부자다. 부자는 화려한 일을 하는 사람보다는, 사소한 일을 최고로 잘하는 사람이다. 겉모습에 속는 사람이 빈자고, 내재된 가치를 알아보는 사람이 부자다. 사람들의 삶에 녹아드는 것에 진짜 큰 부가 있다.

부는 마음의 평온함(Contentment)이다. 부는 당신이 살고 싶은 삶을 살 수 있는 자유(Self-reliance)다. 부는 시간이다. 연 생활비가 3,000만 원인 사람에게 3,000만 원은 1년의 시간이다. 1년을 노동 수익을 벌지 않아도 살 수 있는 사람에겐 자신의 시간을 자유롭게 사용할 수 있는 자유가 있다. 그래서 생활비가 적을수록, 자본을 축적하고 성장할수록 부자가 된다. 그에 앞서 부자가 되는 기본은 이 세상에서 당신의 역할을 알고, 그 역할을 훌륭하게 해내는 기술을 갈고 닦는 것이다.

성공의 제1법칙은 Perseverance다. 될 때까지 시도하는 것이다. 제임스 다이슨은 기존의 먼지 봉투 방식의 비효율적인 청소기를 더 잘 기능하게 만들고자 5,000번이 넘는 시도 끝에 사이클론을 개발했고, 생산에까지 성공해 큰 부자가 되었다. 그때까지 그의 아내와 아이들은 대출금으로 생활하며 버텼다. 아내의 신념이 없었다면 이 위대한 성공은 이루어지지 못했을 것이다.

성공의 제2법칙은 Consistency다. 일관성은 여러 의미가 있다. 실제로 사람들이 직선 트랙을 만들어 거북이와 토끼를 경주하게 했다. 시작과 동시에 거북이는 앞만 보고 엉금엉금 기어갔고, 토끼는 한 번 껑충 뛰고는 이리저리 둘러보고, 사람들이 닦달하니까 또 한 번 껑충 뛰고는 그 자리에 서 있었다. 결국 거북이가 훨씬 앞서 이겼다. 당신이 하루만 반짝 영어를 공부하고 내일은 놀면 결과가 없을 것이다. 한 주에 두 번 영어 수업을 들어도 그 중간에 복습하지 않고 영어에 노출되지 않으면 영어가 늘지 않을 것이다. 초면에는 밝고 믿음직하게 행동했다가, 며칠 뒤에는 말과 다르게 행동하는 사람을 당신은 신뢰하지 않을 것이다. 신뢰와 명성은 성공에 반드시 필요하다. 워런 버핏이 위대한 성공을 이룬 여러 비결 중 하나는 자신이 한 말은 반드시 지키며 명성을 쌓아왔기 때문이다. 겉과 속이 같은 (Integrity) 경영이 결국 성공하고, 그렇지 못한 경영은 결국 실패한다.

성공의 제3법칙은 Developments다. 당신이 다른 사람들보다 잘할 수 있고 좋아하며 오래 할 수 있는 일을 찾았다면, 그 일에 긴 시간을 들여 개발하면 당신은 그 일에 최고가 될 수 있다. 사람들이 당신이 제공하는 기술이나 서비스, 제품을 원하면 당신은 자연히 부자가 된다. 많은 사람들이 원할수록 큰 부자가 된다. 젠슨 황은 오랫동안 긴 시간을 들여 GPU라는 그래픽 칩을 만들었고, AI로 인해 세상이 바뀌는 시대에 필수인데 경쟁할 제품이 없을 정도로 뛰어나 큰 부자가 되었다. 인간이 최고의 무언가를 만들 수 있는 유일한 방법은 시간을 늘이는 것이다. 앞으로 수십 년 뒤에도 사람들이 필요로 할 것에 시간을 들여 가장 뛰어나도록 개발하면(Iteration) 결국 당신은 부자가 된다.

부자가 되는 상세한 길은 이 책의 자매 책 《부자의 111가지 생각하는 법》으로 배울 수 있다.

감사의 글

낳아서 키워주신 아버지 어머니 감사합니다. 어른이 되어보니 자유롭고 풍요로운 인생을 포기하고 자식을 낳아 가족을 위해 끝까지 책임을 다하는 일은 진정으로 대단한 일입니다. 제게 주신 시간을 헛되이 쓰지 않도록 매일 감사하며 살겠습니다. 어머니처럼 챙겨주시는 배경숙 고모, 강효경 이모, 이주영 이모 고맙습니다. 사랑합니다.

이 보람 있는 삶을 이루는 데엔 부자가 되는 원리가 그러하듯 아주 많은 감사한 사람들이 있습니다. 직간접적으로 책의 개발을 도와주신 OREX 멤버들, 특히 김경희 교수님, 위정희 교수님, 홍석빈, 김효진 박사님, 심민아, 박민주, 한진우, 김효희, 이혜란 선생님, 최연주 약사님, 여진 선생님, 박재이, 강순정, 나경인, 송지선, 진서연, 박미나, 김근욱, 손유림, 여선애, 안가영, 김진경, 강선애, 윤혜랑, 주민정, 허성조, 이문준, 이혜진 님께 감사의 인사를 올립니다. 그리고 직접적으로 대화를 나눈 적은 없어도, 저를 응원하는 수만 명의 팬들께 감사의 마음을 실어 전합니다. 두꺼운 《영어책》과 《영어필사책》을 여러 권씩 사서 주변에 선물하고 당신도 여러 권 소장하는 당신께 항상 감사하고 있습니다. 《죽어도 살자》를 쓴 우울했던 사람도 삶의 목적과 방향을 찾아 잘 살 수 있다는 희망을 이 책이 당신에게 드리길 바랍니다.

지구에도 한국에도, 인간으로서 선한 마음으로 그저 도움을 주는 사람들이 많습니다. 그분들을 기억하며 친절과 인류애를 계속 품도록 애쓰겠습니다. 한국에서 최고가 되면, 세계적으로도 훌륭할 수 있다는 신념이 있습니다. 몇 명 없는 우리 한국인이 스위스인처럼 부자가 되어 행복하고 여유로운 나라 한국이 되기를 바라여 이 책을 썼습니다.

Thank you Francesco Veri for friendship and inspiration.

영어필사책 2
부자를 시현하다

초판 1쇄 발행 2025. 1. 6.

지은이 아우레오 배
펴낸이 김병호
펴낸곳 주식회사 바른북스

편집진행 황금주
디자인 이강선

등록 2019년 4월 3일 제2019-000040호
주소 서울시 성동구 연무장5길 9-16, 301호 (성수동2가, 블루스톤타워)
대표전화 070-7857-9719 | **경영지원** 02-3409-9719 | **팩스** 070-7610-9820

•바른북스는 여러분의 다양한 아이디어와 원고 투고를 설레는 마음으로 기다리고 있습니다.

이메일 barunbooks21@naver.com | **원고투고** barunbooks21@naver.com
홈페이지 www.barunbooks.com | **공식 블로그** blog.naver.com/barunbooks7
공식 포스트 post.naver.com/barunbooks7 | **페이스북** facebook.com/barunbooks7

ⓒ 아우레오 배, 2025
ISBN 979-11-7263-914-3 13740

•파본이나 잘못된 책은 구입하신 곳에서 교환해드립니다.
•이 책은 저작권법에 따라 보호를 받는 저작물이므로 무단전재 및 복제를 금지하며,
이 책 내용의 전부 및 일부를 이용하려면 반드시 저작권자와 도서출판 바른북스의 서면동의를 받아야 합니다.